고전 안에
일기 비법
있다!

[지에밥]

giebap

오늘의 소중함을 담은 고전에서 일기 비법을 찾아요!

일기는 '자신의 성장 모습이 담긴 진실한 기록이자 자신의 역사'라고 해요.
매일 일기를 쓰면 좋은 점이 참 많지요.
하지만 막상 일기를 쓰려면 처음부터 말문이 탁 막히는 까닭은 무엇일까요?
아마도 늘 되풀이되는 일상생활 속에서 특별한 것을 찾기 힘들다고
생각하기 때문일 거예요.
그리고 일기를 쓸 때 주의할 점에 너무 집중해서 그렇지는 않을까요?
'나는, 오늘은'과 같은 말을 쓰지 말 것, 날마다 똑같이 되풀이되는 일을 쓰지
말 것, 이어주는 말을 자주 쓰지 말 것, 대화글을 섞여 쓸 것, 밀린 일기를
한꺼번에 쓰지 말 것…….
하지만 일기를 잘 쓰려면 하지 말아야 할 것에 집중하기보다는
잘된 것을 본받으려는 자세가 더 필요해요.
이런 의미에서 오래전부터 전해 오는 동서양의 고전(古典)이 우리에게
좋은 본보기가 된답니다.
〈난중일기〉를 쓴 이순신 장군은 포화에 휩싸인 전쟁터에서도 일기장을
놓지 않으셨어요. 그 일기에는 만남과 이별, 삶과 죽음, 나라 사랑하는
마음, 가족을 향한 그리움 등이 오롯이 담겨 있지요.
이런 마음은 나라를 잃고 타향인 중국 상해에서 생활하면서 썼던
김구 선생님의 〈백범일지〉에도 같은 듯 다르게 담겨 있어요.
〈안네의 일기〉를 쓴 안네는 어른들의 욕심이 벌여 놓은 세계 대전을 피해서
숨 죽이며 살아야 했지만, 그 속에서도 사춘기 소녀로서의 호기심과 우정,

사랑을 잃지 않으려 애썼어요.

〈키다리 아저씨〉의 주디, 〈사랑의 학교〉의 엔리코, 〈마지막 수업〉의
프란츠의 일기에서도 각각의 개성이 특별하게 표현되어 있지요.

이와 같이 이제는 고전이 된 이 일기 속의 그날들도 어제와 다름없는
오늘이었을지 몰라요.

오늘을 소중히 여기고 나의 마음을 꾸밈없이 그려 내고, 겸손하게 반성하려는
자세가 있었기 때문에 빛나는 작품이 될 수 있었지요.

평범한 오늘이 누군가의 노력으로 특별한 역사가 된 거예요.

이 책에 실린 고전들을 읽다 보면 일기를 어떻게 써야 하는지 실마리가 풀리게
될 거예요. 더불어 생활 일기, 독서 일기, 만화 일기, 편지 일기, 관찰 일기,
마인드맵 일기 등 다양한 일기 쓰기의 방법도 알게 될 거예요.

이 책에는 동서양에서 사랑받는 고전 일기·편지 24편이 싣고,
일기 쓰기의 요령과 방법을 제시했어요.

이것들을 잘 활용하여 매일매일 새롭고 다양하게 일기를 써 보세요.

부디 고전을 통해 나만의 일기 비법을 발견하길 바랄게요.

좋은 책을 짓는 사람 강영주가,

 # 일기, 이렇게 쓰자

 일기, 여러 방법으로 써 보자

최후의 순간도 기록하라!

- 오늘의 소중함을 알고 쓰자 -

1597년 8월 28일 맑음

아침 일찍 왜적의 배가 명량(지금의 해남군 문내면 명안리)을 거쳐 우리 군을 향해 온다는 소식을 들었다. 그래서 닻을 올리고 바다로 나갔다.

왜선 130여 척이 우리 배를 에워싸고 다가왔다. 왜군의 엄청난 숫자에 눌려 우리 군의 사기가 위축되어 보였다.

나는 장수들을 불러모았다.

"경들은 들으시오. 비록 우리가 수적으로 불리하지만 나라를 위해 끝까지 싸우기로 맹세했던 때를 기억해야 하오."

내가 탄 배가 가장 먼저 적진 한가운데로 치고 들어가자 왜적들이 몇 겹으로 둘러쌌다. 상황이 위태로워지자 군사들은 하얗게 질려 있었다. 나는 냉정하지만 부드럽게 타일렀다.

"왜적의 배가 1000척이라도 우리 배를 쉽게 공격하지 못할 것이니 우리는 우리대로 마음 흔들리지 말고 계속 화살과 포를 쏘아라!"

호각을 불어 명령을 내리니 안위와 김응함의 배가 뒤따라 들어왔다. 나는 뱃전에서 큰 소리로 소리쳤다.

"안위야, 군법에 죽고 싶으냐? 도망가면 살 것 같으냐?"

"김응함, 너는 중군장으로 대장을 구하지 않았으니 그 죄를 반드시 물을 것이다. 당장 내가 목을 베고 싶지만 전세가 급하니

우선 공을 세우도록 하라!"

그랬더니 안위와 김응함의 배가 불같이 적진으로 뛰어들었다.

우리 군과 왜군의 배 사이에서 화살과 포가 격렬하게 오가니, 안위의 배가 위험해지기 시작하였다. 나는 내 배를 돌려 안위의 배를 에워싼 왜선 2척을 모두 부수어 버렸다.

싸움은 치열하게 계속되었고 마침내 왜선 30척이 박살이 났다. 그랬더니 왜선이 하나둘씩 꽁무니를 빼고 우리 수군에게 덤비지 못했다.

1598년 11월 19일 (이순신 장군 최후를 들은 이항복이 남긴 글)

새벽 2시쯤 명나라 도독이 왜적에게 둘러싸이자 가까스로 이순신 장군이 그를 구해 냈다.

내가 죽었다는 사실을······

14

그리고 장군은 화살을 피하지도 않고 북을 치며 군기를 다스리는 군사들을 격려하다가 탄환을 맞고 쓰러졌다.

이순신 장군은 숨을 거두기 전 부하들을 보며 말하였다.

"내가 죽었다는 사실을 숨겨라. 군사들을 놀라게 하지 말라."

이순신 장군의 최후를 들은 명나라 도독은 크게 낙담하여 정신을 잃을 뻔하였다.

그 후 이순신 장군의 죽음을 알게 된 백성들은 거리로 쏟아져 나와서 울부짖었다. 시장에 있던 사람들도 술을 마시지 않았다. 그리고 이순신 장군의 시신이 고향으로 옮겨질 때 선비와 노인 할 것 없이 길을 막고 통곡하였는데 그 줄이 끝이 없었다.

일기에는 기쁨과 슬픔의 순간뿐 아니라 죽음까지도 기록할 수 있어!

난중일기

조선 시대 충무공 이순신 장군이 임진왜란 7년 간의 진중(陳中) 생활을 쓴 일기로, 국보 제76호로 지정되어 있을 뿐 아니라 유네스코 세계기록유산으로 등재되었어요. 부록으로 서간첩 1권과 임진장초 1권을 합해서 총 9권이에요.

〈난중일기〉에는 국난을 용감하게 이겨 내는 수군 사령관으로서 충무공의 엄격하고 지적인 진중 생활이 담겨져 있어요. 이 일기에는 이순신 장군의 근엄한 의기뿐 아니라 군사들을 사랑하는 마음과 엄격한 규칙, 가족에 대한 애틋한 마음 등이 그려져 있어요. 제시된 부분은 격렬했던 명량해전의 일기와 최후를 맞은 노량해전 모습을 전해 들은 이항복이 이어 쓴 일기예요.

오늘의 소중함을 알고 쓰자

"매일 똑같은 날들인데 일기를 써서 뭐 해!"

매일 밤 이런 고민으로 일기와 씨름하는 어린이들이 있을 거예요.

밥 먹고, 학교 가고, 학원 가고, 가끔 텔레비전 보고, 동생과 다투는 일들은 매일 똑같고 늘 반복되니까요.

전투가 계속되는 전쟁터에서 생활하는 이순신 장군에게 전쟁의 순간순간은 매우 절박한 순간이었을 거예요. 그런데 이순신 장군은 총포와 화살이 빗발치는 위태로운 상황에서도 일기 쓰기를 게을리 하지 않으셨어요. 그리고 마침내 〈난중일기〉라는 훌륭한 기록을 남길 수 있었지요.

일기는 말 그대로 하루 일을 기록하는 글이에요. 우리는 일기를 쓰면서 하루 동안 재미있었던 일, 속상했던 일 등 많은 일을 기억하고 반성할 수 있어요. 즉, 일기는 나의 성장이 담긴 역사인 셈이지요.

그리고 시간이 흘러 그때의 추억이 담긴 일기를 읽어 보면 다른 느낌이 들기도 해요. 마치 오래 전 사진을 보는 느낌과 비슷하지요.

'내가 어렸을 때 그랬었구나, 이런 곳에도 갔구나.' 하면서 과거를 생각하고 자신을 되돌아보는 시간을 가질 수 있어요.

그러니까 소중한 나의 역사를 기록한다는 마음으로 일기를 정성껏 써 보세요.

일기 쓰기의 좋은 점

✚ 참을성과 끈기를 키울 수 있습니다.
✚ 생각하는 힘을 키울 수 있습니다.
✚ 글 쓰는 실력을 키울 수 있습니다.
✚ 정리하고 기록하는 습관을 기를 수 있습니다.

다음 제목으로 일기를 써 보세요.

월 일 요일	☀ ⛅ ☁ ☂ ⛄
일어난 시각 시 분	잠자는 시각 시 분

제목 일기를 이렇게 쓸래요

오늘의 중요한 일	오늘의 착한 일
오늘의 반성	내일의 할일

일기 비법 tip

★일기의 뜻과 의미를 알고, 일기 쓰기의 좋은 점을 생각하여 봅니다.

★평소에 일기 쓰기에 대해 가지고 있던 자신의 생각과 이 글을 읽고 달라진 생각을 비교하여 써 봅니다.

★일상생활의 소중함을 적어 봅니다. 예를 들어, '부모님이 살아 계신 것, 건강한 것, 음식을 먹을 수 있는 것' 등과 같은, 평범하지만 소중한 것을 써 봅니다.

★일기 쓰기에 대한 계획과 다짐으로 마무리해 봅니다.

'키티'라고 부를게

- 주변에 관심을 갖고 쓰자 -

1942년 6월 14일 일요일

키티야!

이틀 전 6월 12일, 우리가 처음 만났던 금요일을 기억하니?

나는 아침 여섯 시에 눈을 떴어. 그날이 내 생일이었으니까 일찍 일어난 것도 당연하지 않니? 하지만 너무 일찍 일어나면 부모님께 꾸중을 듣기 때문에 꼼짝없이 자는 척해야 했지.

일곱 시가 되기만을 기다리다가 15분 전에 도저히 더 이상 참을 수 없어서 부엌으로 갔어.

고양이 모르체하고 가장 먼저 눈을 마주쳐서 놀다 보니 겨우 7시가 되었지.

나는 얼른 부모님께 "안녕히 주무셨어요!" 하고 외치고 거실로 달려갔어.

두근두근.

거실에 있는 선물꾸러미에 어떤 것이 들었을지 설레기만 했지.

그런데 가장 먼저 눈에 들어오는 것이 일기장, 바로 너였어.

정말 마음에 쏙 드는 선물이었지.

이밖에도 장미꽃 다발, 화분, 모란꽃, 엄마가 만든 딸기 파이와 할머니의 축하 편지 등 우리 가족의 정성이 담긴 선물이 줄지어 있었지.

책과 장난감, 초콜릿, 브로치 등 친구들이 준비한 선물도 놓여 있었어.

그뿐인 줄 아니?

선물로 받은 돈으로 그렇게 갖고 싶었던 〈그리스 로마 신화〉를 살 수 있었단다.

그때 나는 하늘을 날 듯 기뻤단다.

아침을 먹고 나니까 친구 리스가 오더라.

그래서 우리는 재잘대며 학교로 갔고, 교실에서 친구들과 비스킷을 나누어 먹었어.

19

수업이 끝나고 친구들과 재미있게 배구 시합을 했어. 그뿐인 줄 아니? 시합이 끝나고 친구들이 내게 생일 축하 노래를 불러 주었어.

정말 기쁘고 감동적인 하루였단다.

아흠.

조금 졸려서 오늘은 일기를 그만 써야겠어.

참, 이제부터 나는 이 일기장, 바로 너와 가장 친한 친구가 되기로 마음먹었단다.

1942년 6월 15일 월요일

키티야!

일요일 어제 오후에 내 생일 파티한 일을 말할게.

친구들에게 명견 린틴틴이 나오는 영화 '등대지기'를 보여 주었더니 정말 좋아하더라. 그리고 내 생일 파티에 남자친구들이 와 주어서 무척 기뻤단다.

엄마는 내가 누구랑 결혼할지 궁금해 하신단다. 그건 바로 피터 배실인데 말이야.

리스와 산네는 내 오래된 단짝 친구들이란다. 유대 인 중학교에서 요피를 만나고부터는 요피와 가장 친하지만 말이야.

조금 이기적이라고? 나만 그런 게 아니야.

리스도 다른 친구와 친해졌고, 산네도 다른 학교에서 새 친구를 사귀었는걸?

그건 그렇고, 나도 영화처럼 명견 린틴틴 같은 멋진 개를 키우면 얼마나 좋을까?

학교에 가면 누가 돌보냐고?

다 방법이 있지. 학교에 데리고 가서 수업을 할 때에는 수위 아저씨에게 맡겨 놓고, 날씨가 맑으면 자전거 보관소에 묶어 놓으면 괜찮지 않을까?

안네는 매일 쓰는 일기장에 '키티'라는 특별한 이름을 지어 주었어!

안네의 일기

〈안네의 일기〉는 나치스 치하에 독일 태생 유대 인 소녀 안네 프랑크가 쓴 일기로, 나치스를 피해 네덜란드에 2년 동안 숨어 지내면서 겪은 일들을 사춘기 소녀의 감성으로 기록한 글이에요.

안네 프랑크는 나치스가 네덜란드까지 점령하여 탄압하자 아버지 회사 뒷방에 다른 유대 인 가족 4명과 숨어 지내다가 발각이 되어요. 그 후 안네는 유대 인 강제 수용소인 베르겐 벨젠 수용소로 보내지고 장티푸스로 언니와 함께 사망해요. 〈안네의 일기〉는 유일한 생존자 아버지에 의해 네덜란드에서 발행되어 널리 읽히게 되었어요. 제시된 부분은 안네가 '키티'라고 이름 붙인 일기장에 일기를 쓰기 시작하는 부분이에요.

주변에 관심을 갖고 쓰자

"매일 보는 사람, 매일 가는 곳인데 쓸 거리가 뭐가 있어요?"

반복되는 일상생활과 익숙한 사람, 익숙한 장소에서 비슷한 경험을 하면 특별한 감정을 갖기 힘들어요. 더구나 매일 다른 이야기를 끄집어 내야 하는 일기를 쓰는 것은 힘든 일이지요.

〈안네의 일기〉에서 안네는 일기장에게 '키티'라는 독특한 이름을 붙이고, 친한 친구 한 명과 이야기를 하는 일기를 쓰고 있어요.

이렇게 매일 겪은 일이나 매일 만나는 사람, 매일 만나는 장소에 특별한 의미를 붙여 보는 것은 어떨까요? 키티처럼 색다른 이름을 붙이는 것도 좋지만 매일 겪는 일이나 만나는 사람, 매일 가는 장소를 내가 특별하게 본다면 다른 감정이나 느낌이 든답니다.

다음은 한 어린이가 자신의 가족 이름으로 삼행시를 표현한 것이에요.

장 장사처럼 힘이
　센 우리 아빠
동 동서남북 둘러
　봐도
우 우리 아빠가
　최고!

김 김치를 잘 담그는
　예쁜 우리 엄마
하 하늘에서 내려온
선 선녀님 같아요.

장 장난꾸러기
　내 동생
슬 슬기로우라는
　이름대로
기 기발하게
　사고를 치지요.

장 장남 한결이는
한 한결같이 착하게
　행동하기로
결 결심했어요.

다음 주제로 일기를 써 보세요.

월 일 요일	☀ 🌤 ☁ ☂ ⛄
일어난 시각 시 분	잠자는 시각 시 분

주제 친구 이름으로 삼행시 짓기

오늘의 중요한 일	오늘의 착한 일
오늘의 반성	내일의 할 일

일기 비법
tip

★ 가장 친하거나 자주 만나는 친구 서너 명을 정해 봅니다.
★ 친구가 자주 쓰는 말이나 행동이 무엇인지 떠올려 보고, 별명과 연결시켜 봅니다.
  그리고 평소에 고마웠던 점, 미안했던 점, 속상했던 점 등이 친구 이름 글자와 맞
  는 것이 있는지 적어 봅니다.
★ 문맥에 맞게 연결시켜 보고, 간결하게 정리해 봅니다. 한 문장으로 정리하는 것도
  좋지만 짤막하고 센스 있는 문구도 의미가 통하면 좋습니다.

정말 이상한 날이었다

- 인상에 남는 일 하나를 골라 쓰자 -

나는 또 지각을 하였다.

나는 수업이 시작될 때 어수선한 틈을 타 자리에
앉을 작정이었다.

살금살금 발꿈치를 들고 내 자리를 향해 갈 때
내 가슴은 콩닥콩닥 뛰고 있었다.

"프란츠, 또 지각이냐?"

하고 아멜 선생님이 화난 목소리로 소리치는 느낌
이 내 귀에 들려오는 듯했다.

그런데 정말 이상한 일이었다.

아멜 선생님은 어제처럼 나에게 화를 내기는커녕 오히려 부드럽게 말씀하셨다.

"프란츠야, 어서 네 자리로 가 앉아라. 하마터면 너를 빼놓고 수업을 할 뻔했구나!"

나는 어안이 벙벙하여 재빨리 의자를 뛰어넘어 내 자리에 앉았다. 두려운 마음을 조금 진정하고 아멜 선생님의 얼굴을 바라보았다.

아멜 선생님은 보통 장학관이 오는 날이나 시상식이 있는 날에 하얀 주름 장식을 단 초록 코트를 입고 검정 모자를 쓰시는데, 오늘 그 복장을 하고 계셨다.

나는 어리둥절하여 교실 뒤쪽을 돌아보니 마을 사람들이 의자에 나란히 앉아 있지 않은가!

삼각 모자를 손에 든 오제 할아버지, 면장 아저씨, 우편집배원 아저씨 등 많은 사람들이 슬픈 표정을 하고 있었다.

오제 할아버지는 낡아 빠진 프랑스 어 책을 무릎에 펼쳐 놓고 돋보기를

올려놓고 계셨다.

나는 이 상황을 도무지 눈치 채지 못한 채 머리만 긁적이고 있었다.

드디어 아멜 선생님이 천천히 교단으로 뚜벅뚜벅 올라가셨다. 그리고 좀전에 내게 했던 것처럼 차분하게 말씀하셨다.

"여러분, 오늘은 나의 마지막 수업입니다. 알자스로렌 지방의 학교에서는 앞으로 독일어를 가르칠 새로운 선생님이 오십니다. 따라서 오늘은 여러분이 프랑스 어를 배우는 마지막 수업이 됩니다. 그러니 오늘만큼은 좀더 집중해서 들어 주시기 바랍니다."

조금씩 떨리는 아멜 선생님의 목소리를 느끼는 순간 나는 조금씩 화가 밀려 올라왔다.

'이런 나쁜 놈들! 면사무소 앞에서 웅성거리던 것도 바로 이 일이었구나!'

나는 믿을 수 없었다.

'프랑스 사람이 이제 프랑스 어로 배울 수 없다니······. 아직 나는 제대로 쓸 줄도 모르고, 동사 규칙도 다 외우지 못했는데······.'

나는 그때 그동안 내가 했던 온갖 행동이 새삼 부끄러워지기 시작했다.

수업을 빼먹고 새 둥지를 찾아다니던 일, 자르 강에서 얼음을 지치며 시간 가는 줄 모르고 놀면서 공부를 게을리 한 일······.

그렇게 보낸 시간들이 아쉽고 몹시 후회가 되었다.

프란츠는 프랑스 사람이 프랑스 어를
더 이상 배우지 못한다는 것을 이상하게 생각했어!

마지막 수업

〈마지막 수업〉은 프랑스의 작가 알퐁스 도데가 쓴 작품으로, 프랑스와 독일의 접경 지역인 알자스로렌의 작은 마을에서 있었던 수업 모습을 소년의 섬세한 시각으로 그린 작품이에요.

알자스로렌 지방은 872년 메르센 조약 이후 영토를 둘러싼 독일, 프랑스의 분쟁이 이어지다가 1870년 프러시아 전쟁에서 프랑스가 패함으로써 프랑스 어 사용 금지령이 내려져요. 〈마지막 수업〉은 이런 역사적 배경을 가지고 프랑스와 그 언어를 사랑하는 마을 사람들의 모습이 프란츠라는 천진한 어린이의 눈을 통해 그려지고 있어요. 제시된 부분은 프랑스 어 수업을 게을리 했던 프란츠가 평소와 다른 수업 분위기를 느끼며 지난날을 후회하는 부분이에요.

인상에 남는 일 하나를 골라 쓰자

"오늘은 친구 생일 파티도 가고 축구도 하고 줄넘기도 하고 학습지 선생님도 오셨는데 어떻게 이걸 다 쓸까?"

일기를 쓰다 보면 어떤 날은 쓸 내용이 너무 많아서 다 쓸 수 없는 날이 있을 거예요. 이럴 경우에는 자신의 마음을 가장 많이 움직인 일이 무엇인지 곰곰이 생각해 보세요.

〈마지막 수업〉에서 프란츠는 공부가 하기 싫어서 늘 지각을 하는데, 이날은 수업 시간의 분위기가 이상해서 흠칫 놀랍니다. 평소와 다른 선생님의 말과 태도, 마을 사람들의 행동들을 보며 오늘이 특별한 날이라는 것을 느끼지요. 더불어 오늘이 프랑스 어로 배우는 마지막 수업이라는 선생님의 말에 그동안에 했던 자신의 철없던 행동을 반성하지요.

일기는 하루 동안 겪은 일 중에서 특별히 내 마음이 끌리는 한 가지 제재를 골라 써야 마음을 자세하게 표현할 수 있어요.

다음 어린이의 글은 치과에서 이를 빼는 순간에 두려웠던 마음이 잘 표현되어 있어요.

치과에 갔다. 의사 선생님이 충치가 심해서 당장 빼야 한다고 하셨다.
"으악, 난 죽었다!"
충치를 빼는 순간, 나는 오줌을 쌀 뻔했다.
다행히 옆의 충치를 들키지 않았다.
"휴, 다시는 치과에 안 갈 거야!"

학교에서 겪는 다음 일 중 하나를 골라 일기를 써 보세요.

월 일 요일	
일어난 시각 시 분	잠자는 시각 시 분

주제 조회 시간, 발표를 할 때, 칭찬을 받을 때, 꾸중을 들을 때

오늘의 중요한 일	오늘의 착한 일
오늘의 반성	내일의 할 일

일기 비법 tip

★ 위의 주제 중에 요즘 경험했거나 가장 기억에 남는 것을 하나만 골라 봅니다.
★ 그 일이 있었던 상황을 자세하게 써 봅니다.
★ 그때의 느낌을 소리나 모양을 흉내 내는 말과 대화글을 넣어 자세하고 충분하게
  써 봅니다.
★ 그 일을 통해 생각한 일이나 느낀 점을 덧붙여 봅니다.
★ '처음-가운데-끝'으로 나누어 써 봅니다.

내 마음을 들킨 것 같아 화가 난다고!

- 꾸밈없이 솔직하게 쓰자 -

4월 4일

키다리 아저씨께

저는 부활절 휴가를 이곳 록 윌로 농장에 내려와서 보내고 있어요.

4년 동안 기숙사에 처박혀서 지내다 보니 이번 열흘 동안의 휴가가 얼마나 기다려졌는지 몰라요.

'모처럼의 휴가를 혼자만의 공간에서 꿀같이 보낼 수 없을까?'

생각을 하다가 윌로 농장에 오게 되었어요. 사실 학교 식당은 사백 명의 여학생들이 조잘대니까 정작

앞에 앉은 친구와 대화하기도 힘들거든요.

떠들썩한 그곳과는 달리 이곳은 정말 천국 같아요. 날마다 저는 농장 주변을 산책하면서 샐리와 앞으로의 진로에 대해 이야기를 나누었어요. 물론 새로 쓰고 있는 새 소설에 대해서도요.

오후에 샐리와 함께 예전에 저비스 씨와 저녁을 먹었던 스카이 산에 올랐어요. 그곳에 가니 저비스 씨가 다정하게 웃던 모습이 생각났어요. 지금도 잘 지내고 있겠지요?

혼자 있는 시간이 되면 저는 편지 쓰기와 소설 쓰기에 집중을 하려고 애써요.

지금 제가 쓰고 있는 소설은 예전의 것과는 전혀 달라요. 제가 잘 아는 이야기를 써 보라고 말해 준 사람들의 충고를 받아들이기로 했거든요.

어린 시절 지냈던 고아원 이야기를 쓰려고요.

그 지긋지긋했던 고아원 이야기를 어떻게 쓸까 걱정했지만 이상하게도 진도가 빨리 나가고 술술 풀리네요.

아저씨!

저는 이 소설을 꼭 책으로 내고 싶어요. 이번에는 전처럼 원고를 돌려받는 일은 결코 없을 거예요.

아저씨도 제 작품이 훌륭하게 나오기를 기도해 주실 거죠?

꿈을 향해 달려가는 주디가

31

5월 17일

키다리 아저씨께

오늘은 제가 몹시 아팠어요. 그래서 편지를 짧게 써야 할 것 같아요.

요즘 잠도 안 자고 소설을 썼더니 머리가 띵하고 온몸이 쑤신 답니다. 그래서 이 편지 쓰고 잠을 좀 자려고 해요.

아저씨!

제가 3주 후에 졸업을 해요. 줄리아는 저비스 삼촌을 초대하고, 샐리는 지미 오빠를 초대한다고 들떠 있어요.

그래서 드리는 말씀인데, 저는 아저씨를 초대하고 싶은데 와 주실 거지요?

저는 리펫 원장님과 아저씨 말고는 초대할 사람이 없어요.

꼭 와서 제가 졸업하는 모습을 지켜봐 주셨으면 좋겠어요.

아저씨를 기다리는 주디가

6월 19일

키다리 아저씨께

졸업식에 예쁜 장미꽃을 보내 주셔서 감사해요. 장미꽃은 저비스 씨와 지미 오빠에게도 받았지만, 그건 욕조에 담가 두었어요.

그리고 아저씨가 보내 주신 장미꽃을 들고 졸업식을 했답니다.

저는 아직도 록 윌로 농장에 있어요. 이곳은 소설을 쓰기에는 정말 좋은 곳이에요. 이곳에서 영원히 지낼 수도 있다는 생각이 들어요.

저비스 씨가 얼마 후에 이곳에 들른다고 하네요. 그리고 지미 오빠도 잠시 온다는 연락이 왔고요. 지미 오빠는 증권 회사에 근무하는데, 이곳에 출장을 왔다고 해요.

아저씨도 이곳에 오시면 좋으련만…….

아니에요.

저는 다시는 이런 기대를 하지 않을 거예요.

아저씨는 졸업식에도 오시지 않는 분이시니까요.

대학을 졸업한 주디가

주디는 졸업식에 키다리 아저씨가 오지 않자
몹시 실망한 나머지 다른 어떤 기대도 하지 않게 되었어!

키다리 아저씨

미국의 작가 진 웹스터가 쓴 소설로, 고아 주디가 얼굴도 이름도 모르는 아저씨에게 자신이 겪은 일과 고민을 털어 놓으면서 성장해 나가는 이야기가 편지글 형식으로 표현되었어요.

〈키다리 아저씨〉는 사춘기 소녀의 학교 생활 모습, 우정과 사랑 등 다양한 감정이 꾸밈없이 표현되어 있는데, 마지막에 보잘것없는 환경 때문에 사랑을 고백할 수 없었던 저비스가 바로 키다리 아저씨였다는 것이 밝혀지면서 극적 즐거움을 주지요. 제시된 부분에는 학교 졸업을 전후해서 키다리 아저씨를 기다리는 주디의 마음이 솔직하게 표현되어 있어요.

꾸밈없이 솔직하게 쓰자

"좋았다, 싫었다, 재미있다, 재미없다."

혹시 여러분의 일기에 이런 말들로 마무리를 하지 않나요?

어떤 일을 겪으면서 그 일이 어떻게 좋고 싫으며, 무엇이 재미있고 재미없었는지 자세하게 표현할 방법이 떠오르지 않는다면, 여러분은 자신의 감정을 내보이기가 두려운 거예요.

〈키다리 아저씨〉에서 주디는 자신에게 의미 있는 졸업식 날 키다리 아저씨가 방문하여 주기를 손꼽아 기다렸어요. 하지만 계획이 무산되자 실망하면서 그후로는 어떤 기대도 하지 않게 되지요. 아마도 속상하고 서운한 마음을 키다리 아저씨에게 들킨다면 쑥스럽고 부끄럽다고 생각했기 때문일 거예요.

일기는 누구에게 보여 주거나 검사를 맞기 위한 것이 아니에요. 내게 일어난 일이 내게 특별한 일이 되려면 그 일에 대한 자신의 생각이나 감정을 솔직히 써야 해요.

다음 어린이의 글은 억울하게 누명을 쓴 일에 대한 감정이 밑줄 친 것과 같이 매우 단순하게 표현되었어요. 친구의 말과 행동에 내가 어떻게 속상하고 화가 났는지 자세하게 쓰면 더 좋았을 거예요.

점심 시간에 친구들과 공기놀이를 했다.
현실이 공기로 하다가 공기가 날아가서 찾다가
수업 종이 울려서 앉았다.
청소 시간에도 공기가 나오지 않자 현실이는
내 공기를 노려보며 자기 거랑 똑같다고
말했다. 친구들도 거들었다. 나빴다.

다음 주제 중 하나를 골라 일기를 써 보세요.

월 　 일 　 요일	
일어난 시각 　 시 　 분	잠자는 시각 　 시 　 분

주제　억울한 일, 속상한 일, 거짓말한 일

오늘의 중요한 일	오늘의 착한 일
오늘의 반성	내일의 할 일

일기 비법 tip

★ 위의 주제 중에서 그때의 기억이나 감정이 생생한 것 하나를 골라 봅니다.
★ 그 일을 할 때 들키고 싶지 않은 감정은 없었는지 생각해 봅니다. 상대방에게 하고 싶은 말이나 나도 모르게 나타난 마음이나 몸의 변화는 없었는지 생각해 보고 솔직하게 써 봅니다.
★ 그 일을 통해 생각한 일이나 느낀 점을 덧붙여 봅니다.
★ '처음-가운데-끝'으로 나누어 써 봅니다.

이대로 쫓겨 나지 않을 거야!

- 대화글을 넣어 쓰자 -

궁녀들이 영창대군을 달래자 대군이 잔뜩 화가 나서 말했어요.

"누님도 함께 가면 갈 것이지만 나 혼자만은 못 간다."

이 모습을 본 인목대비는 하늘을 바라보고 탄식하며 우셨어요.

그때 밖에 있던 사람들이 어서 나오라고 재촉하며 대군을 끌어

내라고 했어요.

"안 나오면 궁녀들을 다 잡아내라!"

대군을 모신 김 상궁을 궁녀가 잡아내며 말했어요.

"더욱 울고 안 모셔 내니, 감옥에 가두라 하십니다."

김 상궁이 원망하면서 대답했어요.

"아무리 달래어 '나가시지요.' 해도 저리 우시고, 죄인이 드나드

는 소서문으로 나가라 하니 아무리 아기씨지만 이렇게 괴롭히고
재촉하면 어떡하느냐? 내가 모시고 나갈 것이니 물러 서거라."

　날이 저물도록 티격태격하다가 더 이상 두지 못해 인목대비는
정 상궁이 업고 공주 아기씨는 주 상궁이 업고 대군은 우리가 업
었어요.

　영창대군이 말하였어요.

"어머니와 누님을 먼저 서게 하고, 나는 뒤에 서게 하라."

"아기씨, 왜 그렇게 하라 하십니까?"

하며 물으니 대군이 대답했어요.

"내가 먼저 서면 나만 나가고 모두 아니 나오실 것이 아니냐?
나 보는 데서 나가야 한다."

　인목대비는 궁복에 두꺼운 보자기를 덮고, 두 아기씨는 남보를
덮었어요. 그리고 각각 업어서 자비문(임금이 사는 편전의 앞문)
에 도착하니 내관이 열 명이나 있었어요.

"어서 나가십시오."

내관들이 재촉하니 인목대비가 내관에게 말했어요.

"너희도 선조 임금이 주시는 나랏돈으로 오래 먹고 살지 않았느냐? 설마 어찌 원통하고 가여운 마음이 없겠느냐? 사십여 년을 왕비에게 자식을 못 보시다가 병오년에 처음으로 대군을 보시고 기뻐하며 사랑하시던 모습이 얼마나 끝이 없으셨느냐?

당시 강보에 싸서 고이 두고 보신 것은 무슨 뜻이었겠느냐? 고이 잘 자라 주기를 바라다가 돌아가시니 내가 그때에 임금을 따라 죽지 못해 이런 서러운 일을 겪는구나! 이것이 내가 죽지 않고 산 죄이니라. 아직 동쪽인지 서쪽인지 구분도 못하는 대군을 잡아 내니 조정이나 사헌부도 선조 임금을 생각하면 이렇게 서럽게 하지는 못할 것이다."

인목대비가 슬프게 통곡하니 내관이 눈물을 흘리며 말을 잇지 못했어요.

"어서 나가소서. 저희가 어찌 모르겠사옵니까! 하지만 여기서 이러시면 아니 되옵니다."

그때 영갑이가 우리 마마를 업은 궁녀의 다리를 붙들었어요. 은덕이는 공주를 업은 주 상궁 다리를 붙들어서 못 가게 하였어요.

그리고 대군을 업은 궁녀를 끌어내고 밀치어 문 밖으로 내보내며 자비문을 닫았어요.

대군은 문 밖으로 업혀 나가서 업은 사람의 등에 머리를 부딪히며 울었어요.

"엉엉, 어마마마 볼 거야!"

"엉엉, 누님 볼 거야!"

영창대군이 슬프게 우시고, 이 소리가 궁궐 안팎에 울려퍼지고 눈물이 하늘과 땅에 가득하였어요.

지나는 사람들도 눈물로 눈이 흐려서 길을 가지 못하였어요.

영창대군을 궁궐 밖으로 끌어내려 하는 사람과
나가지 않으려는 사람들의 대화로 당시 상황이 더 생생하게 느껴져!

계축일기

1613년 광해군 때 선조의 계비 인목대비를 폐하는 사건을 시작으로 일어났던 궁중의 비밀스러운 일들을 어느 궁녀가 쓴 책이에요.

〈계축일기〉는 공빈 김씨의 아들인 광해군과 인목대비의 아들인 영창대군을 둘러싼 치열한 당파 싸움을 궁중에서 쓰는 고급스러운 언어로 썼다는 특징이 있어요. 이 작품을 통해 당시의 역사를 엿볼 수 있을 뿐 아니라, 당시의 궁중의 분위기를 생생하게 느낄 수 있어요. 제시된 부분은 인목대비의 아들 영창대군을 궁궐 밖으로 쫓아내는 광경이 담겨 있어요.

대화글을 넣어 쓰자

"일기에 오늘 한 일을 한 줄로 간단히 쓰면 안 되나요?"

하루의 일을 간단히 적는 것도 나쁘지 않지만 이왕이면 그 상황을 더 실감나게 기록한다면 기억이 더 생생해지겠지요?

이 글은 역사의 변화 속에서 인목대비의 아들 영창대군이 궁궐에서 쫓겨나는 상황을 어느 궁녀가 적어 내려간 글이에요. 이 궁녀가 '영창대군이 궁궐에서 쫓겨 나셨다.'라고 썼다면, 오늘날 우리는 당시의 역사를 생생하게 알 수 없을 거예요. 그런데 이 글은 영창대군이 궁궐 밖으로 쫓겨날 때, 상황이 어떠하였는지 생생한 대화글을 통해 실감나게 그려 내고 있어요.

대화글을 넣어 일기를 쓰면 어떤 일을 겪은 사람들의 마음을 잘 알 수 있고, 그 상황을 더 또렷하게 기억할 수 있어요.

다음 어린이의 글은 일이 일어난 순서대로 일기를 사실 중심으로 썼기 때문에 상황이 잘 떠오르지 않아요. 밑줄 친 부분을 대화글로 바꾸면 상황이 더 생생해질 것입니다.

오랜만에 우리 가족이 중국 식당에 갔다.
나는 짬뽕을 먹는다고 하고 동생은 자장면을 먹는다고 했다.
엄마는 탕수육을 드신다고 했다.
아빠는 탕수육과 자장면과 짬뽕을 주문했다.
우리는 맛있게 먹었다.

왼쪽 글에서 밑줄 친 부분을 대화글로 고쳐서 일기를 완성해 보세요.

월 일 요일	☀ ⛅ ☁ ☂ ⛄
일어난 시각 시 분	잠자는 시각 시 분

주제　가족 외식

오늘의 중요한 일

오늘의 착한 일

오늘의 반성

내일의 할 일

일기 비법 tip

★ 밑줄 친 부분을 자신의 경험을 살려서 대화글로 바꾸어 봅니다. 예를 들어, 나와 동생은 "저는 짬뽕(자장면)이요!" 엄마는 "탕수육도 시킬까?" 아빠는 "여기 탕수육 하나, 자장면 둘, 짬뽕 둘 주세요!" 등이 될 것입니다.

★ 이 대화글이 연결될 수 있도록 문맥을 잇는 문장을 넣어 줍니다.

★ 즐겁고 맛있게 먹는 분위기를 살리는 말들을 덧붙여 봅니다.

★ '처음-가운데-끝'으로 나누어 써 봅니다.

아휴~ 방학은 왜 이렇게 긴 거야~

우당탕탕, 장난은 너무 즐거워!

- 흉내 내는 말을 넣어 쓰자 -

'아휴, 방학은 왜 이렇게 긴 거야! 빨리 개학을 해서 루트비히 가 학교를 가야 내가 편해질 텐데…….'

방학한 지 한 달이 지나자 엄마는 머리를 감싸고 외치셨어요.

사실 양어장에서 고기를 훔친 일, 배를 박살낸 일 등 내가 친 사고가 많기는 했어요.

'띵동띵동.'

바로 그때 바그너 씨가 오셨어요. 바그너 씨는 초등학교 선생 님이신데 가끔씩 우리 엄마에게 과일 나무에 대해 물어 보러 들 르곤 했어요.

"루트비히 어머님이 시키는 대로 복숭아나무를 키워서 복숭아 를 수확했답니다. 한번 맛 보시라고 가지고 왔어요."

"어머머, 뭘 이렇게 많이 가져오셨어요. 정말 감사하게 먹겠습 니다."

"선생님. 이제 방학이 얼마 안 남았는데 루트비히가 허구한 날 사고를 쳐서 걱정이에요. 선생님네 반 개학은 언제인가요?"

"다음 주지요. 라틴 어 학교는 다른 학교보다 방학이 길어서 문제이긴 합니다. 아이들이 집에 있는 시간이 길다 보니 방학 중에 집에서 사고가 많이 발생하니까요."

그리고는 나를 빼꼼 내려다보며 꾸짖으셨어요.

"루트비히, 이제 엄마 속 썩이지 말고 얌전히 숙제를 해야 하지 않겠니?"

하지만 나는 바그너 씨가 돌아가시자마자 또 사고를 치고 말았어요.

엄마 심부름으로 시장에서 간단한 반찬거리를 들고 오는 길이었어요. 꾸뻑꾸뻑 졸고 있는 길고양이를 보자 장난기가 발동하여 땅에서 돌멩이를 주워 '휘익' 던졌지요.

'쨍그랑, 와장창!'

아뿔싸, 고양이에게 던진다는 것이 빵집 진열창을 깨고 만 것이에요.

나는 재빨리 몸을 숨기려고 했지만 빵집 주인에게 목덜미를 곧바로 잡히고 말았어요.

루트비히 어머님? 한번 맛 보시라고 가지고 왔어요.

어머어~ 정말 감사하게 먹겠습니다. 그나저나 루트비히가 허구한날 사고를 쳐서 걱정이에요.

43

"루트비히 어머니, 글쎄 얘가 우리 집 유리창을 박살 냈지 뭐예요. 어서 유리값을 물어 주세요."

빵집 주인은 나를 질질 끌고 어머니에게 보인 후에 기어이 5마르크를 받은 후에야 돌아갔어요.

'씩씩.'

엄마의 거친 숨소리가 내 귀에 들리는 듯했어요.

그날 밤 엄마는 누나에게 말했어요.

"안나야, 루트비히를 이대로 내버려 두어서는 안 되겠구나. 다음 주에 개학하는 바그너 선생님 반에 넣는 건 어떨까?"

"저도 찬성이에요. 루트비히가 집에 있으면 매일 사고를 칠 테고, 우리도 이웃과 점점 멀어질 테니까요."

나는 모질게 말하는 엄마보다 누나가 더 얄미웠어요. 그리고 바그너 선생님은 나보다 한 학년 어린 4학년 담임 선생님이었거든요.

"엄마, 말도 안 돼요! 동생들과 한 반에서 공부하라니요. 그리고 라틴 어 학교 학생이 전에 다니던 초등학교에서 다시 공부한다니 말이 안 되잖아요? 제가 잘할 게요."

내가 펄쩍 뛰면서 싹싹 빌자 누나가 한 술 더 떴어요.

"엄마, 쟤 말 믿지 마세요. 이러다가 우리가 동네에서 쫓겨날지도 모른다고요."

엄마는 내가 조금 가여웠는지 4학년으로 내리는 것은 그만두자고 하셨어요.

나는 엄마가 너무 고마워서 공부를 하는 척했어요. 엄마와 누나는 라틴 어를 하지 못했거든요.

하지만 하루 종일 얌전히 있으려니까 장난이 치고 싶어서 또 온몸이 근질근질했어요.

이 글에서 '띵동띵동, 쨍그랑, 와장창, 씩씩.' 등
소리나 모양을 흉내 내는 말들은 상황을 생동감 있게 해!

개구쟁이 일기

〈개구쟁이 일기〉는 작가 루트비히 토마가 자신의 어린 시절을 바탕으로 쓴 작품이에요. 1890년대 독일의 라틴 어 학교에 다니는 장난꾸러기 루트비히가 가정, 학교, 마을에서 천방지축 사고를 치는 모습이 재미있게 그려져 있어요.

〈개구쟁이 일기〉에서 루트비히는 날마다 크고 작은 사고를 치는데, 엄마, 누나, 선생님은 감싸 주지 않습니다. 이 때문에 완성된 인격체로 성장하는 루트비히가 겪는 부당한 대우를 보면서 읽는 사람들이 루트비히를 응원하게 됩니다. 제시된 부분은 루트비히가 방학 동안 집에서 지내면서 가족과 갈등을 겪는 내용입니다.

흉내 내는 말을 넣어 쓰자

"우당탕, 쨍그랑, 후다닥."

이것들은 각각 '매우 정신없이 뛰는 모습, 접시 등이 깨지는 소리, 재빨리 도망가는 모습 등을 흉내 내는 말'이에요.

이와 같이 모양이나 소리를 흉내 내는 말을 적당하게 쓰면 상황이 눈에 보듯 생생하게 느껴지지요.

〈개구쟁이 일기〉에서 루트비히는 날마다 실수를 하거나 사고를 쳐요. 그런데 이 이야기에 소리나 모양을 흉내 내는 말들이 자주 등장해서 읽는 사람은 마치 그 상황 속에 함께 있는 듯 생생한 느낌을 갖게 됩니다.

다음은 동시에서 어린이가 '쌩쌩, 똑똑똑, 훌쩍훌쩍, 후끈후끈, 오들오들' 등 흉내 내는 말을 다양하게 사용하여 감기의 증상과 그것을 싫어하는 마음을 생생하고 실감나게 표현하였어요.

감기

바람 쌩쌩
날씨가 추워지면
감기가 똑똑똑
내 몸을 두드려요.

코는 훌쩍훌쩍
이마는 후끈후끈
온몸이 오들오들
불청객 감기, 너 어서 나가라!

다음 제목으로 소리와 모양을 흉내 내는 말을 넣어 일기를 써 보세요.

월 일 요일	☀ ⛅ ☁ ☂ ⛄
일어난 시각 시 분	잠자는 시각 시 분

제목 줄넘기

오늘의 중요한 일	오늘의 착한일
오늘의 반성	내일의 할일

★ 줄넘기할 때 뛰는 모습과 그때의 몸 변화를 생각해 봅니다. 예를 들어 '뜀을 뛰다, 숨이 차다, 땀이 난다.' 등을 쓸 수 있습니다.

★ 줄넘기가 돌아가는 소리, 발이 땅에 닿는 소리, 숨이 찰 때 나는 소리, 땀이 나는 모양 등을 떠올릴 수 있을 거예요. 예를 들어 '휘익휘익, 콩콩콩, 헉헉, 송알송알, 주르륵.' 등이 있습니다.

★ 자신의 경험을 바탕으로 하여 느낌을 넣어 글을 완성해 봅니다.

내 친구를 어떻게 위로하지?

- 그림을 그리듯 쓰자 -

11월 4일 금요일

듬직한 갈로네

갈로네는 지난번에 크로시를 도와준 일도 있었지만 만날수록 더 좋아지는 친구예요. 알고 보니 갈로네는 몸이 아파서 2년이나 늦게 학교에 들어왔다고 하더라고요.

갈로네는 몸집이 커서 그런지 늘 작은 옷만 입고 다녔어요. 윗옷이 짧아 배꼽이 보이고 바지가 짧아 종아리가 다 보였지요. 그리고 간신히 얹은 모자는 머리 위에서 위태롭게 얹혀 있었고, 넥타이는 베베 꼬여 있었지요.

누구나 갈로네를 보면 저절로 웃음이 나올 거예요. 이렇게 나이도 많고 몸집도 큰 갈로네는 나를 보면 다정하게 웃어 주었어요.

그리고 갈로네는 약한 친구를 잘 도와주었어요. 누가 연필이나 지우개 등을 빌려 달라고 하면 언제든 빌려 주었지요. 그런 갈로네를 우리는 모두 좋아한답니다.

갈로네는 속이 깊은 친구예요.

어느 날, 갈로네는 칼에 손가락을 벤 적이 있었지만 부모님이 걱정하실까 봐 말하지 않았어요. 그리고 한번은 2학년 어떤 아이가 돈을 잃어버려서 울자 자기 돈을 아낌없이 주었답니다.

나는 정의롭고 마음 따뜻한 갈로네가 내 곁에 있어서 정말 행복하답니다.

4월 29일 토요일
어머니를 잃은 갈로네

어제 갈로네의 어머니가 돌아가셨다는 슬픈 소식을 들었어요.

갈로네의 어머니는 오래전부터 큰 병을 앓고 계셨지만 막상 그 소식을 듣고 보니 가슴이 멍해졌어요.

'갈로네는 얼마나 슬플까? 이 세상에 엄마가 없다는 것, 상상하기도 싫은 일인데…….'

그때 담임 선생님이 말씀하셨어요.

"애들아, 갈로네가 큰 아픔을 겪은 것은 너희들도 알고 있지? 내일쯤 갈로네가 학교에 올 것 같으니까 너희들이 따뜻하게 위로해 주기 바란다."

선생님의 목소리도 슬프게 들렸어요.

다음 날 갈로네는 평소 때보다 조금 늦게 교실로 들어왔어요.

검은 상복을 입고 얼굴이 창백해진 갈로네는 기운이 없어 보이고 두 눈이 퉁퉁 부어 있었지요.

갈로네는 교실로 들어서자마자 눈물을 뚝뚝 흘렸어요.

'불쌍한 갈로네, 어머니가 생각나는가 보다!'

내가 이런 생각을 하고 있을 때 선생님도 갈로네를 꼭 안아 주시며 위로해 주셨어요.

수업 시간 내내 나는 차마 갈로네를 바라볼 수 없었어요. 그리고 옆에 앉은 갈로네의 모습을 힐끗힐끗 훔쳐보았지요.

한참을 망설이다가 나는 갈로네에게 다가갔어요.

"가, 갈로네, 울지 마!"

내가 말을 건네자 갈로네는 아무 말 없이 고개를 떨구었어요.

수업이 끝난 뒤에도 어느 누구 하나도 갈로네에게 말을 붙이지 못하고 주변을 빙빙 돌았어요.

수업이 끝나고 교문을 나가자 엄마가 기다리고 계셨지요.

"엄마, 언제 왔어요? 오래 기다리셨어요?"

내가 엄마에게 안기려고 하자 웬일인지 엄마는 나를 살짝 밀치셨어요. 나는 무슨 일인지 어리둥절했어요.

그때 내 뒤에서 우두커니 서 있는 갈로네가 보였어요.

'아, 엄마가 갈로네를 보고 계셨구나!'

갈로네는 자기 엄마 생각에 더 슬픈 것 같았어요. 그래서 나는 엄마에게서 멀찌감치 떨어져서 걸어갔답니다.

주인공(엔리코)은 친구 갈로네의 생김새와 성격,
갈로네와 관련된 일들을 그림을 그리듯 잘 표현하고 있어!

사랑의 학교

1886년 에드몬드 데 아미치스가 쓴 글로 원래 제목은 〈쿠오레〉예요. 이탈리아 토리노에 사는 초등학교 4학년 엔리코가 1년 동안 학교에서 겪은 일들을 일기 형식으로 쓴 글이지요.

〈사랑의 학교〉는 각각 다른 환경과 처지에 있는 여러 친구들의 이야기를 따뜻하고 순수한 시선으로 그려 내고 있어요. 엔리코가 친구들과 노는 모습과 가족과 이웃들과 살아가는 모습에서 엔리코의 성장과 성숙을 느껴 볼 수 있어요. 제시된 부분은 엔리코가 친구 갈로네를 소개한 곳과 어머니를 여읜 갈로네를 보고 느끼는 감정을 표현한 부분이에요.

그림을 그리듯 쓰자

"나는 오늘 넘어져서 다쳤다."

이 문장을 보면 어린이가 넘어졌고 다쳤다는 정보를 알 수 있어요. 하지만 다리가 풀려서 넘어졌는지, 계단에서 넘어졌는지, 돌부리에 걸려 넘어졌는지 알 수 없어요. 그리고 멍이 들었는지, 피가 났는지 알 수 없지요.

〈사랑의 학교〉에서 엔리코는 갈로네를 소개할 때에 갈로네의 생김새, 행동을 그림을 그리듯 자세하게 쓰고 있어요. 단순히 듬직하다고 하지 않고 옷차림을 자세하게 서술했고, 단순히 생각이 깊다고 하지 않고 친구들과의 일을 통해 보여 주고 있어요.

일기를 쓸 때에는 중심 사건을 머릿속에서 그림을 그리는 느낌으로 표현하는 것이 좋습니다. 그리고 날씨란에도 '맑음, 흐림, 비' 등으로 단순하게 쓰는 것보다는 '해가 소풍 가고 구름이 줄지어 옴.'과 같이 그림을 그리듯 써 보는 것도 좋아요.

다음 어린이의 글은 함박눈이 내린 날 동생과 신나게 논 일을 그림을 그리듯 표현하였어요.

함박눈이 내렸다.
동생이랑 아무도 걷지 않은 눈 위를 걸으니 뽀드득뽀드득 소리가 났다.
우리는 깡충깡충 뛰면서 눈싸움을 했다.
동생이 던진 눈덩이가 내 얼굴에 맞고 퍼져서 옷 속으로 들어갔다. 어느새 몸이 덜덜 떨리고 이가 달그락거렸다. 그래도 우리는 정신 없이 노느라고 시간 가는 줄도 몰랐다.

다음 제목으로 그림을 그리듯 일기를 써 보세요.

월 일 요일	☀ ⛅ ☁ ☂ ⛄
일어난 시각 시 분	잠자는 시각 시 분

제목 비 오는 날

오늘의 중요한 일	오늘의 착한 일
오늘의 반성	내일의 할 일

일기 비법 tip

★ 비가 오는 날 자신만이 경험한 것을 중심 사건으로 정합니다. 예를 들어 '빗물이 튀겨 옷을 망친 일, 우산을 가지고 가지 않아 비를 맞은 일' 등이 있을 것입니다.

★ 비가 오는 날의 분위기를 느끼게 하는 소리와 모양을 흉내 내는 말이나 생각나는 대상을 떠올려 봅니다. 예를 들어 '똑똑똑, 쏴아아, 출장 가신 아빠, 길에서 사는 고양이' 등이 있을 것입니다.

★ 이상의 내용으로 비 오는 날의 느낌을 담은 글로 완성해 봅니다.

문지기가 되고 싶소

- 감정이나 반성을 쓰자 -

상해 대한민국 임시 정부가 탄생하자 임시 대통령에 이승만, 국무총리에 이동휘를 선출하였다. 그 밑에 내무, 외무, 재무, 법무, 교통 등의 부서를 두어 여러 선배 독립 투사들을 총장으로 임명했다.

그러나 총장들이 멀리 다른 지역에서 활동하는 경우가 많아서 젊은 사람에게 차장 자리를 주어 총장 일을 대신하게 하였다.

나도 임시 정부 조직을 운영하는 위원의 한 사람으로 뽑혔다.

얼마 후, 안창호 동지가 미국에서 건너와 내무 총장 자리에 앉아 이승만 박사 대신에 국무총리 일을 보았다.

그때 안창호 내무 총장에게 나는 부탁을 했다.

"나에게 임시 정부 청사를 지키는 문지기를 시켜 주시오!"

안창호는 내 말에 눈을 동그랗게 뜨고 물었다.

"아니, 김구 선생께서 문지기를 시켜 달라니 그게 무슨 말이오?"

"나는 고국에 있을 때, 우연히 순사 시험 과목을 보고 내 자격을 시험하기 위해 혼자서 답안지를 작성해 본 적이 있는데, 합격을 못 했소. 또, 내가 감옥에 있을 때, 죽기 전에 꼭 한 번 우리 정부 청사의 뜰을 쓸고 유리창을 닦는 문지기가 되게 해 달라고 빈 적도 있소!"

이 말에 안창호는 감동하여 쾌히 내 부탁을 들어 주겠다고 약속했다. 하지만 이 안건을 국무 회의에 제출한 결과, 뜻밖에도 내게 경무국장 자리가 주어졌다.

당시는 윤현진, 신익희, 이춘숙 등 새파란 젊은 차장들이 총장의 직무를 대신할 때라, 나이 많은 선배가 문지기로 있으면 드나들기에 거북

나에게 임시 정부 청사를 지키는 문지기를 시켜 주시오!

하기 때문에 경무국장 자리를 주자는 의견이 많았을 것이다.

나는 순사가 될 자격도 안 되는 사람이 어떻게 경무국장이 될 수 있느냐고 반문하였다.

"만일 백범이 사퇴하면 젊은 사람들 밑에 있기 싫어서 그런 것처럼 오해를 받을 수 있으니, 그냥 받아들였으면 좋겠소."

안창호 동지가 이렇게 권하기에 나는 부득이 경무국장의 자리에 앉을 수밖에 없었다.

나는 그 후 오 년 동안 경무국장으로서 임시 정부를 도왔다. 내가 맡은 경무국의 임무는 일본의 정탐 활동을 예방하고, 독립 운동가들이 일본에 투항하는 것과 일본인의 마수가 어디로 들어오는지를 감시하는 것이었다.

이 일을 하기 위해 나는 정복 경호원과 사복 경호원 이십여 명을 썼다. 이렇게 우리는 홍커우에 있는 일본 영사관에 대항했다.

그 무렵, 어떤 청년 하나가 거류 민단으로 나를 찾아왔다.

당시 나는 상해 거류 민단 단장의 일도 같이 보고 있었다. 청년은 자기의 이름을 이봉창이라고 소개하면서 이렇게 말했다.

"저는 일본에서 노동일을 하고 있는데, 독립 운동에 참여하고 싶어서 상해까지 왔습니다. 그런데 저 같은 노동자도 독립 운동을 할 수 있습니까?"

나는 이 청년의 말소리를 듣고 약간 의심하는 마음이 생겼다. 그가 우리말과 일본말을 섞어 쓰고 있었기 때문이다.

그래서 청년을 특별히 조사할 필요가 있다고 생각하고, 민단 사무원을 시켜 여관을 잡아 주라고 이르는 한편, 청년에게는 이미 날이 저물었으니 내일 또 만나자고 하였다.

김구 선생님은 임시 정부의 문지기가 되고 싶었지만 경무국장이 되었고,
어눌한 이봉창을 보고 의심하는 마음이 들었어!

백범일지

독립 운동가이자 정치가 백범 김구의 자서전으로, 보물 제1245호로 지정되었어요.

〈백범일지〉는 일제 강점기에 상해 임시 정부에서 독립 운동을 하던 김구 선생님의 일상이 담겨 있어요. 상편에는 아들 김인과 김신에게 보내는 김구 선생의 일상이 꾸밈없이 담겨 있고, 하편에는 '3·1 운동의 상해', '기적 장강 만리 풍' 등 독립 운동의 역사가 담겨져 있어요. 그리고 상하편 뒤에 붙은 〈나의 소원〉은 김구의 민족관과 역사관이 오롯이 담겨 있어요. 제시된 부분에는 김구 선생님이 안창호, 이봉창 선생님과의 인연을 갖게 된 사연이 담겨 있어요.

감정이나 반성을 쓰자

"선생님께 꾸중을 들었다. 다음부터 잘할 것이다."

이 글은 선생님께 꾸중 들은 일에 대한 감정이나 반성 없이 바로 다짐이 이어져서 조금 어색해 보여요. 그때 억울했는지, 속상했는지, 창피했는지 등의 감정이 전달되지 않아요.

〈백범일지〉에는 김구 선생님이 임시 정부의 문지기가 되고 싶어 하는 진심이 들어 있어요. 그리고 어눌한 이봉창을 보고 처음에 믿지 못하는 마음이 잘 드러나 있어요.

일기를 잘 쓰려면 사건에 대해 겪은 일이나 만난 사람에 대한 감정이나 반성을 담아야 해요.

다음 글은 시험 보는 날에 느끼는 감정과 반성이 풍부하게 담겨 있어요.

1교시 국어 시험.
'얼마나 어려울까?'
가슴이 두근두근, 콩닥콩닥.
2교시 사회 시험.
쓱쓱쓱 싹싹싹.
연필 소리만 들리니 머리가 쭈뼛쭈뼛.
3교시, 4교시가 계속될수록 알쏭달쏭.
"많이 틀렸을까? 몇 점 맞았을까?"
마지막 종이 울리니 다리가 후덜덜.
'아, 조금 더 공부할걸.'

다음 주제에 대한 감정이나 반성을 담아 일기를 써 보세요.

월 일 요일	
일어난 시각 시 분	잠자는 시각 시 분

주제 시장(마트)에 간 날

오늘의 중요한 일

오늘의 착한 일

오늘의 반성

내일의 할 일

일기 비법
tip

★ 시장이나 마트에 갔을 때 경험한 것을 바탕으로 한 일을 순서대로 써 봅니다. 누구와 어떻게 가고, 어떤 순서로 시장에 다녀왔는지 써 봅니다.

★ 각 상황에서 어떤 말과 행동을 했는지 써 봅니다. 자신이 좋아하는 것을 사달라고 조른다든지, 엄마와 말다툼을 한다든지 등의 상황을 떠올려 봅니다.

★ 이상의 과정을 통해 느낀 솔직한 감정과 반성을 담아서 써 봅니다.

★ '처음-가운데-끝'으로 나누어 써 봅니다.

아들아, 인생을 이렇게 살거라

- 다짐이나 계획을 쓰자 -

근검하거라

내가 벼슬하여 너희들에게 물려줄 밭뙈기 정도도 장만하지 못했다.

오직 정신적인 부적 두 글자를 마음에 간직하여 잘 살고, 가난을 벗어날 수 있도록 이제 너희들에게 물려주겠다.

그러니까 너희들은 너무 야박하다고 원망하지 마라.

한 글자는 근(勤)이고 또 한 글자는 검(儉)이다.

이 두 글자는 좋은 밭이나 기름진 땅보다도 나은 것이니 일생동안 써도 다 닳지 않을 것이다.

부지런함〔勤〕이란 무엇을 뜻하겠느냐?

오늘 할 일을 내일로 미루지 말며, 아침때 할 일을 저녁때로 미루지 말며, 맑은 날에 해야 할 일을 비 오는 날까지 끌지 말도록 하고, 비 오는 날 해야 할 일도 맑은 날까지 끌지 말아야 한다.

늙은 사람은 앉아서 감독하고, 어린 사람들은 직접 행동으로 어른의 감독을 실천에 옮기고, 젊은이는 힘든 일을 하고, 병이 든 사람은 집을 지키고, 부인들은 길쌈을 하느라 한밤중이 넘도록 잠을 자지 않아야 한다.

집안의 상하 남녀 간에 단 한 사람도 놀고먹는 사람이 없게 하고, 또 잠깐이라도 한가롭게 보여서는 안 된다.

이런 것을 부지런함이라고 한다.

검〔儉〕이란 무엇이겠느냐?

의복이란 몸을 가리기만 하면 되는 것이다.

고운 비단으로 된 옷이야 조금이라도 해지면 세상에서 볼품없는 것이 되어 버리지만, 텁텁하고 값싼 옷감으로 된 옷은 약간 해진다 해도 볼품이 없어지지 않는다.

한 벌의 옷을 만들 때 앞으로 계속 오래 입을 수 있을지 없을지를 생각해서 만들어야 하며, 곱고 아름답게만 만들어 빨리 해지게 해서는 안 된다.

61

이런 생각으로 옷을 만들게 되면, 곱고 아름다운 옷을 만들지 않게 되고, 투박하고 질긴 것을 고르지 않을 사람이 없게 된다.

음식이란 목숨만 이어 가면 되는 것이다. 아무리 맛있는 고기나 생선이라도 입안으로 들어가면 더러운 물건이 되어 버린다. 삼키기 전에 벌써 사람들은 싫어한다.

속이지 말거라

인간이 이 세상에서 귀하다고 하는 것은 정성 때문이니, 전혀 속임이 있어서는 안 된다.

하늘을 속이면 제일 나쁜 일이고, 임금이나 어버이를 속이거나 농부가 같은 농부를 속이고 상인이 동업자를 속이면 모두 죄를 짓게 되는 것이다.

단 한 가지 속일 수 있는 일이 있다면 그건 자기의 입과 입술이다. 아무리 맛없는 음식도 맛있게 생각하여 입과 입술을 속여서 잠깐 동안만 지내고 보면 배고픔은 사라져 굶주림을 면할 수 있을 것이니, 이러해야만 가난을 이기는 방법이 된다.

금년 여름에 내가 다산(茶山)에서 지내며 상추로 밥을 싸서 덩이를 삼키고 있을 때 구경하던 옆 사람이 "상추로 싸 먹는 것과 김치로 담가 먹는 것은 차이가 있는 겁니까?"라고 물었다. 그래서 나는 "그건 사람이 자기 입을 속여 먹는 방법입니다."라고 말해 주었다.

적은 음식을 배부르게 먹는 방법에 대하여 이야기해 준 적이 있다. 어떤 음식을 먹을 때마다 이러한 생각을 지니고 있어야 한다. 그러한 생각은 당장의 어려운 생활 처지를 극복하는 방편만이 아니라 귀하고 부유하고 복이 많은 사람이나 선비들이 집안을 다스리고 몸을 유지해 가는 방법도 된다. 근과 검, 이 두 글자 아니고는 손을 댈 곳 없는 것이니 너희들은 명심하도록 하라.

정약용 선생님은 근검해야 하고, 거짓말을 하지 말라는
가르침을 두 아들에게 주고 있어!

유배지에서 보낸 편지

　다산 정약용이 유배지에 가서 두 아들과 형제, 제자들에게 보낸 편지예요. 이 편지에는 정약용이 1801년 신유박해(당시 권력을 장악하기 위해 천주교(서학)를 빌미로 남인을 숙청하기 위해 꾸며 낸 대대적인 조작 사건)로 유배지에서 책을 읽으며 정리한 철학과 사상이 담겨 있어요.
　〈유배지에서 보낸 편지〉에는 엄하고 다정한 아버지, 속 깊은 동생, 올바른 스승으로서의 정약용의 인간적인 모습을 엿볼 수 있어요. 제시된 부분은 당시 최고의 사상가였던 정약용이 두 아들에게 삶의 지침을 주는 내용이에요.

다짐이나 계획을 쓰자

"이제부터 잘해야겠다."

일기는 오늘보다 성장한 내일이 되도록 써야 하므로 진심을 담은 다짐이나 계획이 있어야 해요.

〈유배지에서 보낸 편지〉에서 정약용 선생님은 비록 가족들과 함께 할 수 없는 유배지에 있지만, 그곳에서 생각한 것을 여러 편의 글로 남기셨어요.

이 편지에는 '부지런해라, 아껴 써라, 거짓말하지 마라.'라는 아들들을 훈육하는 내용이 있어요. 이 말에는 아들들이 올바르게 성장해 주길 바라는 아버지의 간절함이 담겨 있지요. 이 편지를 읽은 정약용의 아들들은 새로운 다짐을 하고 인생의 목표를 삼아서 훌륭하게 컸다고 해요.

다음 글은 한 학년을 마치면서 다짐이나 계획을 쓴 글입니다.

지난 3학년을 되돌아보니 재미있는 일도 많고, 아쉬운 일도 많았던 것 같다.

처음 보는 선생님과 친구들에게 인사하며 낯선 교실로 들어갔을 때의 그 설렘, 축구부가 아쉽게 준우승을 한 일, 단짝 친구 지우가 전학 갔을 때의 아쉬움, 알뜰 시장 때 친구들과 재미있게 물건을 판 일 등 모두가 소중한 기억들이다.

이제 얼마 안 있으면 4학년이 된다.

3학년 때 겪고 느낀 것을 바탕으로 모든 순간을 소중하게 생각하여서 더 열심히 살아야겠다.

특히 그동안 소홀했던 수학 공부를 열심히 해야겠다.

희망찬 마음으로 앞으로 나가자.

아자, 아자! 파이팅!!

다음 제목으로 일기를 써 보세요.

월 일 요일	
일어난 시각 시 분	잠자는 시각 시 분

제목 (   )학년을 마치며

오늘의 중요한 일	오늘의 착한 일
오늘의 반성	내일의 할 일

일기 비법 tip

★ 어떤 기간 동안 느낀 생각을 정리하려면, 먼저 그 기간에 있었던 일을 되돌아보고 지금 느낀 감상(기쁨, 슬픔, 재미, 아쉬움 등)을 적어야 합니다.

★ 그 일과 감상을 통해 앞으로 어떻게 생활해야 할지에 대한 다짐과 계획을 담아야 합니다. 예를 들어, 어떤 일을 더 해 보고 싶다든지, 하지 말아야겠다든지, 이렇게 발전시키고 싶다는 등의 내용을 덧붙여야 합니다.

★ 이상의 내용을 바탕으로 문맥에 맞게 '처음-가운데-끝'으로 나누어 씁니다.

양 그림을 그려 줘요!

- 그림일기로 써 보자 -

1

여섯 살 때 나는 원시림에 대한 책을 읽은 적이 있어요.

그 책에는 정말 놀라운 그림이 그려져 있었어요.

무서운 짐승을 통째로 삼킨 보아 뱀 그림이었지요.

"보아 뱀은 먹이를 통째로 삼키고 나서 계속 잠만 잔다."

그림 옆에는 이렇게 쓰여 있었어요.

나는 이 책을 보고 나서 원시림을 모험하는 상상을 했어요.

바로 아래 그림이에요.

나는 첫 작품을 어른들에게 보여 주며 물었어요.

"무섭죠?"

하지만 어른들은 다시 나에게 물었어요.

"모자가 뭐가 무섭다고 그러는 거니?"

난 모자를 그리지 않았어요.

코끼리를 통째로 삼킨 보아 뱀을 그린 거였지요.

어른들에겐 항상 자세하게 설명을 해 주어야 해요.

그래서 나는 어른들이 알아볼 수 있도록 다시 그림을 그렸
어요.

나의 두 번째 그림은 바로 이것이에요.

2

나는 어른이 되었어요.

비행기 조종사가 되어 세계 곳곳을 여행하지요.

그런데 6년 전, 비행기가 고장 나 사막 한 복판에 떨어진
적이 있었어요.

그때 갑자기 어린아이 한 명이 내게 다가왔어요.

그러더니 내게 양 한 마리를 그려 달라고 하지 뭐예요.

나는 만년필을 꺼내어 한 번도 본 적 없는 양을 그려
주었어요.

"이건 너무 비실비실해. 다시 그려 줘!"

나는 아이가 시키는 대로 다시 그림을 그렸어요.

"이건 염소잖아. 양은 뿔이 없어."

어린아이는 다시 그려 달라고 했지요.

그래서 나는 다시 한 번 양을 그려 주었어요.

"이 양은 너무 늙었어. 오래 살 수 있는 양을 그려 줘."

이번에도 아이는 그림을 마음에 안 들어 했습니다. 나는 귀찮

았어요.

게다가 얼른 비행기를 고쳐야 했기 때문에 대충 그림을 그려서

던져 주며 말했어요.

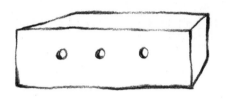

"이건 상자야. 네가 원하는 양은 이 안에 있단다."

"우아, 좋아. 이 양이 내가 원하는 양이야. 고맙습니다."

그때서야 아이는 그림을 마음에 들어 했어요.

이 글은 그림들을 통해 '나'와
어린 왕자가 나눈 대화를 쉽게 이해할 수 있어!

어린 왕자

프랑스의 작가 생텍쥐페리가 쓴 동화로, 1943년 발표되었어요. 사막에 불시착한 비행사인 '나'는 양을 그려 달라는 어린 소년을 만나요. 그 소년은 친구 장미꽃을 별에 두고 온 왕자로, 나는 그 왕자에게 본질적인 것은 눈에 보이지 않는다는 것, 다른 존재를 길들여 인연을 맺는 일이 중요하다는 것을 배워요.

제시된 부분은 어린 왕자를 처음 만났을 때 그림에 대해 이야기하는 내용이에요.

그림일기로 써 보자

"일기 쓰는 건 괜찮은데 그림 그리는 건 귀찮아요."

많은 어린이들이 하는 말이에요. 하지만 일기를 쓰기 전에 그림을 그리면 상상력이 키워져서 글의 내용이 풍부해져요.

〈어린 왕자〉에는 글뿐만 아니라 그림도 충분하게 수록되어 있어요. 그래서 읽는 이가 어린 왕자에 대해 더 호기심을 갖고 빠져들게 하지요. '나'와 어린 왕자의 첫 만남에도 그림을 주고받으면서 소통을 하지요.

그림일기는 글을 구성하는 데에 도움을 주고 감정을 풍부하게 표현하도록 하는 좋은 점이 있어요.

다음 어린이의 그림일기는 비 오는 날 빗물에 종이배를 띄운 어린이의 천진한 마음이 전달되어 웃음을 띠게 합니다.

7월 2일 (금)

비가 왔습니다.
하루종일 주룩주룩 내렸습니다.
나는 친구들과 빗물에 종이배를 띄웠습니다.
내 마음처럼 배도 두둥실 떠 갑니다.

그림일기

년   월   일   요일 날씨:
제목: 친구들과 재미있게 논 날

일기 비법 tip

★누구와 어떤 놀이를 하며 재미있게 놀았는지 생각해 봅니다.

★친구와 즐거운 모습을 어떻게 그림으로 표현할지 생각해서 그려 봅니다.

★재미있는 모습이 잘 드러나도록 흉내 내는 말 등을 써 봅니다.

★맞춤법과 띄어쓰기에 맞게 고쳐 써 봅니다.

아직도 희망은 있어!

- 만화 일기로 써 보자 -

그리스 로마 신화

고대 그리스 인들은 산과 강, 들과 숲 등 모든 자연을 지배하는 것이 신들이라고 믿었어요. 홍수, 지진, 천둥과 번개 등 자연재해도 신들이 내리는 재앙으로 생각하고 신들을 두려워하였지요. 그래서 그리스 인들은 자연의 하나하나를 다스리는 신들에 이름을 붙이고 그들과 관련된 신화를 전하였지요.

그리고 로마 인들도 그리스 인들과 접촉하면서 신화를 로마의 특성에 맞게 받아들였어요. 이 두 신화를 바탕으로 〈그리스 로마 신화〉가 완성되었어요.

제시된 부분은 세상에 죽음, 질병, 질투 등의 재앙이 생기게 된 계기가 된 판도라의 항아리(상자) 이야기예요.

만화 일기로 써 보자

"일기를 만화처럼 재미있게 쓸 수는 없을까?"

어린이들이 좋아하는 애니메이션 만화도 우리의 일상에서 상상력을 덧붙여서 만들어 낸 이야기지요.

하루 동안 일어난 일들을 영상으로 정리한다면 더 재미있지요.

〈그리스 로마 신화〉는 고대 그리스와 로마에 전하는 신들의 이야기를 묶은 책이에요. 역사가 오래된 만큼 그 양도 엄청나서 글로 읽으려면 많은 시간이 필요하지만 만화 형식으로 보면 내용을 더 쉽고 재미있게 알 수 있지요.

일기를 쓸 때에 만화 형식으로 쓰면 경험한 일에 만화의 상상력이 결합되어 쉽고 재미있게 표현할 수 있어요. 겪은 일을 좀더 특별하게 표현하고 싶은 날은 만화 일기로 표현해 보세요.

다음과 같이 4칸, 6칸, 8칸 등으로 나누어 표현한답니다.

다음 주제를 4칸 만화 일기로 써 보세요.

주제　세상에 이런 일이!(놀랐거나 황당했던 일)

일기 비법
tip

★ 자신이 겪은 일 중에서 놀랐거나 황당했던 일들 중 하나를 선택합니다.

★ '발단(사건이 어떻게 일어났나?) – 전개(사건이 어떻게 전개되었나?) – 위기·절정(사건이 어떻게 치달았나?) – 결말(사건이 어떻게 해결되었나?)'의 순서로 그림과 말, 기호를 넣습니다.

★ 마지막에는 예상치 못한 일을 넣으면 만화가 더 재미있어집니다.

비가 와도 가야 해!

– 견학 일기로 써 보자 –

6월 24일

아침부터 가랑비가 내리고 날씨가 오락가락했다.

그러더니 강물이 많이 불어서 물살이 거세어졌다. 강물 위로 물안개가 뿌옇고 흐리게 피어올라서 어디가 하늘이고 어디가 강인지 모를 지경이었다.

압록강이 시작되는 곳이 멀기 때문일 것이다.

후진의 유후가 지은 〈당서〉라는 책에 이런 글이 있다.

'고려 때의 마자수는 장백산에서 시작되었는데, 그 물 빛깔이 오리의 머리처럼 푸르스름하여 압록강이라 하였다.'

중국 고대의 지리책인 〈산해경〉에서는 장백산을 불함산이라 하였고, 우리나라에서는 백두산이라 부른다.

백두산은 모든 산이 시작되는 곳으로, 이 산에서 서남쪽으로 흐르는 강이 바로 압록강이다.

명나라의 장천복이 지은 〈황여고〉라는 책에는 이런 글이 있다.

'천하에는 큰 물이 셋이 있다. 하나는 황하이고, 둘은 장강이고, 셋은 압록강이다.'

또, 정진이 지은 〈양산묵담〉에는 이런 글이 있다.

'회수 이북의 물은 모두 황하로 모여들어서 북쪽 가지라 일컬으며, 강이라고 이름 붙인 게 없다. 그런데 다만 고려에 있는 물은 강자를 붙여 압록강이라 부른다.

압록강은 천하의 가장 큰 물로, 시작되는 곳이 가뭄이 들었는지 장마가 졌는지 예측하기 어렵다.'

이렇듯 항상 강물이 흘러넘치는 것은 백두산의 큰 장마를 짐작할 수가 있다.

지금은 장마철이어서 압록강 나룻가에 배를 대는 곳을 도무지 찾을 수가 없었다.

중류의 모래톱도 흔적이 없어서 사공이 만일 실수라도 한다면 걷잡을 수 없이 위험한 일이 일어난다.

그래서 우리 일행 중 역원들이 경험한 일을 바탕으로 말했다.

"이런 때는 날짜를 늦추어야 하옵니다."

만윤 역시 무관을 보내어 말했다.

"며칠만 더 묵어서 가십시오."

그렇지만 사신의 대장인 박명원은 듣지 않았다.

기어이 강을 건너기로 결정하고 이 날짜를 임금께 보고하였다.

아침에 일어나 보니, 검은 구름이 하늘을 덮어서 금방이라도 비가 쏟아질 듯했다.

나는 몸단장을 하고 여행 장비를 갖추고, 여러 곳에 답장을 띄웠다.

죽을 조금 먹고 관청에 도착하니, 우리를 따를 장수들이 군복을 갖추어 입고 있었다. 머리에는 공장 깃털을 꽂고, 허리에는 푸른 띠를 둘렀으며 칼을 찼다.

또, 그들은 짧은 채찍을 들고 마주 보며 웃었다.

"오늘은 꼭 강을 건너야겠지요?"

정 진사가 말하자 늙은 참봉이 옆에서 대답했다.

"그렇게 될 것입니다."

열흘이나 관청에서 머물렀기 때문에 모두 지루하고 훌쩍 날아가고 싶은 심정이었다.

장마로 강물이 불어 마음이 급했던 나머지 떠나는 날이 다가오니 이제는 떠나지 않을 수 없었다.

그러나 무더위가 심해서 걱정이었다.

사실 오늘 꼭 강을 건너야 한다는 것은 좋아서가 아니라 일 때문에 어찌할 수가 없었기 때문이었다.

역관인 김진하는 나이가 많은 데다가 병까지 걸려서 일행과 헤어져 되돌아가야만 했다.

아침을 먹은 뒤 나는 혼자 말을 타고 출발했다.

지은이 일행이 궂은 날씨에도 불구하고 나랏일을 하는 사신으로서
출발해야만 하는 이유가 담겨 있어!

열하일기

조선 정조 때 연암 박지원이 청나라를 다녀온 일을 일기로 쓴 책으로, 전26권 10책이 전해지고 있어요. 1780년에 박지원이 청나라 건륭제의 칠순 잔치를 축하하기 위하여 친척 박명원과 청나라 고종의 피서지인 열하를 여행하고 돌아와서 그곳의 문인들, 명사들과 교류하면서 얻은 문물 제도를 소개한 내용이에요.

〈열하일기〉는 박지원의 뛰어난 글쓰기 능력이 보여줄 뿐 아니라 당시 사회 문화를 꼬집어 말한 훌륭한 작품이에요. 제시된 부분은 압록강으로부터 랴오 강까지의 15일 간의 기록을 적은 〈도강록〉이라는 내용으로, 목적지로 출발하기 전의 모습이 담겨 있어요.

견학 일기로 써 보자

"새로운 곳에 가면 더 많이 알게 되나요?"

견학을 하면서 알게 된 사실이나 느낌을 일기로 기록하면, 그때의 상황이 떠올라서 내용을 더 또렷하게 기억할 수 있어요.

〈열하일기〉는 연암 박지원이 청나라에 사신으로 가서 보고, 듣고, 겪은 일을 일기 형식으로 적은 책이에요. 이 일기에는 목적지에 대한 정보와 출발하는 기대감이 생동감 있게 표현되어 있어요.

견학 일기는 견학 보고서의 형태로 정리하면 더 효율적이에요. 견학 일기에는 '언제, 어디서, 어디로 갔는가?', '누구와 무엇을 보았는가?' 등의 견학의 목적을 잘 정리해야 해요.

그리고 '견학한 곳의 모습과 거기서 만난 사람들은 어떠했는가?', '견학을 통해 무엇을 느끼고 생각하였는가?' 등도 자세하게 써야 해요. 또, 그곳을 떠올리게 하는 사진이나 입장권 등도 붙여 주면 좋아요.

견학 일기(보고서)에 들어갈 내용

1. 견학을 떠나게 된 동기와 견학에 대한 기대
2. 목적지에 대한 상상과 기대
3. 출발할 때의 날씨, 시간, 교통편
4. 견학한 시간과 장소 등 견학 기록 일정에 따른 차례
5. 처음 대하게 되는 풍습, 기후, 특산물 등에 대한 느낌과 생각
6. 견학지의 특성과 역사적 유물에 얽힌 이야기
7. 새롭게 알게 된 사실이나 지식
8. 견학을 하고 난 후의 느낌

현장 체험 학습 보고서

일시	년 월 일 요일 제 학년 반 이름:
견학 장소	
준비물	
견학 내용	

		사진이나 입장권
본 것		
들은 것		
한 일		
느낀 점		
새롭게 알게 된 일		
반성		

일기 비법
tip

★ 언제, 어디로, 무엇을 하러 견학을 갔는지 제시된 양식에 알맞게 씁니다.

★ 견학 내용을 '본 것, 들은 것, 한 일, 느낀 점, 새롭게 알게 된 것, 반성한 일' 등으로 나누어 써 봅니다.

★ 견학한 곳에서 얻은 사진이나 입장권, 화보 등을 붙입니다.

우리는 모두 형제다

- 환경 일기로 써 보자 -

당신들은 돈으로 하늘을 살 수 있다고 생각하는가?

당신들은 비를, 바람을 가질 수 있는가?

옛날에 나의 어머니는 이 땅의 한 자락 한 자락 그 모든 곳이 성스럽다고 말씀하셨다.

전나무 잎사귀 하나, 물가의 모래알 하나, 검푸른 숲 속에 가득 피어오르는 안개의 물방울 하나, 초원의 풀 하나하나, 웅웅거리는 곤충 한 마리마다 우리 종족의 가슴속에 모두가 성스럽게 살아 있다고.

언젠가 나의 아버지는 나무들 몸속에 흐르는 수액은 내 혈관에 흐르는 피와 같다고 말씀하셨다.

우리는 이 땅의 일부이고, 이 땅은 우리의 일부라고.

대지 위에 피어나는 꽃들은 우리의 누이들이라고.

곰과 사슴과 독수리는 우리의 형제라고.

바위산 꼭대기, 널따란 들판 그 위를 달리는 말들 그 모두가 한 가족이라고.

나의 조상은 또 이렇게 말씀하셨다.

반짝이며 흐르는 시냇물은 내 조상의 조상들, 그들의 피가 살아 흐르는 것이라고.

맑디맑은 호수에 어리어 살아 있는 영혼의 모습은 우리 종족의 삶에 대한 기억이라고.

속삭이는 물결은 할머니의 목소리라고.

강들은 너의 형제들이 목마를 때 너의 목을 적셔 주고, 우리가 탄 카누를 옮겨 주고, 우리 자식들을 먹여 키우니 너는 내 형제를 대하듯이 똑같은 사랑으로 강들을 대하여야 한다고.

나의 할아버지도 내게 말씀하셨다.

대기는 헤아릴 수 없을 만큼 값진 것이라고.

대기가 키워 가는 모든 생명마다 대기의 정령이 깃들어 있으니 내게 첫 숨을 쉴 수 있게 해 준 저 대기에 내 마지막 숨을 돌려주라고.

들꽃 향기 가득한 바람을 느끼고 맛볼 수 있는 저 땅과 대기를 너는 성스럽게 지켜 가야 한다고.

마지막 인디언이 사라지고 난 뒤, 인디언에 대한 기억이 사라질 때, 종족의 영혼은 과연 남아 있을까?

나의 조상은 이 땅이 우리의 소유가 아니라 우리가 이 땅의 일부라는 것을 알려 주었다.

나의 할머니는 이 땅이 나의 어머니라는 것을 우리 아이들에게 가르치라고 하셨다. 이 땅에서 벌어지는 일들이 이 땅의 아들딸에게도 벌어지게 될 거라고 하셨다.

그러므로 당신들은 나와 내 조상의 목소리를 잘 들어야 한다.

당신들 백인의 운명이 어찌될지 우리는 모른다.

모든 들소가 도살되고, 야생마가 길들여지고 나면 그다음 무슨 일이 벌어질 것인지 우리는 모른다.

숲 속에 아무도 몰래 숨어 있던 장소가 수많은 인간의 냄새로 덮어 버리면, 웅웅거리는 철사줄로 언덕을 얽어 매어 놓고 나면 그다음 무슨 일이 벌어질지 우리는 모른다.

울창하던 숲은 어디에 있을까? 사라져 버릴 것이다.

독수리는 어디에 있을까? 사라져 버리고 없을 것이다.

우리가 저 쏜살같이 달리는 말들과 작별을 하고 사냥을 할 수 없게 되면 그저 살아남기 위한 투쟁이 시작될 것이다.

우리는 세상 만물이 우리를 하나로 엮는 핏줄처럼 서로 연결되어 있다는 것을 안다.

사람이 이 생명의 그물을 엮은 것이 아니라 단지 그 그물 속에 들어 있는 하나의 그물코일 뿐이라는 것을 안다.

우리가 이 그물을 향하여 무슨 일을 하든 그것은 곧바로 우리가 우리 자신에게 하는 일이라는 것을 안다.

그러므로 아기가 엄마의 뛰는 가슴을 사랑하듯이 우리는 땅을 사랑한다.

이제 우리가 당신들에게 우리 땅을 주니 우리가 보살폈듯이 애써 보살펴야 한다.

이제 당신들이 이 땅을 가진다고 하니 지금 이대로 이 땅의 모습을 지켜 가야 한다.

당신의 아이들을 위하여 땅과 대기와 강물을 보살피고 간직해야 한다.

우리가 사랑했듯이 똑같은 마음으로 그것들을 사랑해야 한다.

시애틀 추장은 정복자들에게 인간이 자연의 일부라는 것을 알깨워 주고 있어!

시애틀 추장의 연설문

미국 대통령 피어스에 의해 파견된 백인 대표자들이 원주민들에게 시애틀 지역을 팔 것을 강요하자 그에 대한 답으로 추장이 한 연설문입니다. 이 글은 미국 독립 200주년을 기념해서 알려졌습니다.

당시 피어스 대통령은 추장 시애틀의 글에 감동한 나머지 이 지역을 '시애틀'이라고 이름 붙였다고 합니다. 그 후 이 지역은 자연을 최대한 살린 아름다운 도시로 발전했습니다.

환경 일기로 써 보자

"쓰레기를 줄이자! 환경을 보호하자!"

언론 매체나 학교에서 자주 듣는 말입니다.

하지만 어린이로서 우리가 어떤 일을 해야 할지 생각해 내기란 쉽지가 않지요.

환경 일기는 환경에 대해 우리가 실천했거나 계획한 일을 담아서 쓰는 일기입니다. 그러므로 일반적인 생활 일기와 다른 주제를 담아야 하지요.

환경과 관련된 주제를 선정하려면 어떻게 해야 할까요?

생활 속에서 나와 가족이 실천해야 하거나 실천하지 못하는 일들을 찾아 하루쯤 실천 목표로 정해서 수행해 보는 것도 좋은 방법입니다. 예를 들어, 전기 없이 한 시간 살아 보기, 물 없이 하루 살아 보기 등을 실천해 보는 것이지요.

다양한 주제로 생각을 해 보려면 다음의 방법으로 실천하고 일기를 써 보는 것도 좋습니다.

✚ 신문이나 잡지에서 찾은 환경 관련 자료를 붙이고 자신의 생각을 써 봅니다.

✚ 하나의 주제를 정해 표어를 만들고 그림을 그려서 포스터를 만들어 봅니다.

✚ 주변 생활을 관찰하고 체험 일기를 써 봅니다.

✚ 환경 관련 시설에 대해 조사하여 일기를 써 봅니다.

✚ 환경을 지키는 사람들에 대한 감사의 마음을 일기로 써 봅니다.

✚ 환경과 관련된 대상에 대하여 생각지도(마인드맵)를 짜 봅니다.

✚ 환경이 파괴되는 장면을 싣고 생각을 덧붙여 봅니다.

다음 주제 중 하나를 선택하여 환경 포스터를 완성해 보세요.

주제 생활 속 에너지 절약, 쓰레기 줄이기, 대중 교통 이용하기

★자신이 가장 잘 알고 실천할 수 있는 주제를 하나 정합니다.

★명확한 실천 내용이 담긴 표어를 낱말 또는 '-하자, -합시다'로 끝나는 한 문장
으로 표현하고, 부제가 필요하면 덧붙입니다.

★주제가 명확하게 드러나도록 스케치하고, 표어와 그림의 위치를 정합니다.

★표어가 강조되는 서체와 색깔로 색칠을 한 후 그림을 완성합니다.

작은 일도 느낌을 살려서

- 동시 일기로 써 보자 -

귀뚜라미와 나와

윤동주

귀뚜라미와 나와
잔디밭에서 이야기했다.

귀뚤귀뚤
귀뚤귀뚤

아무에게도 알으켜* 주지 말고
우리 둘만 알자고 약속했다.

귀뚤귀뚤
귀뚤귀뚤

귀뚜라미와 나와
달 밝은 밤에 이야기했다.

＊알으켜: 가르쳐

윤동주(1917~1945)

　일제 강점기에 짧게 살다간 젊은 시인으로, 어둡고 힘든 생활과 일제의 강압에 고통받는 조국의 현실을 가슴 아프게 생각한 시를 많이 썼습니다. 이 동시는 밤에 만난 귀뚜라미와의 인연을 소중히 여기는 마음을 운율감 있게 표현하였습니다.

산유화

김소월

산에는 꽃 피네
꽃이 피네
갈 봄 여름 없이
꽃이 피네

산에
산에
피는 꽃은
저만치 혼자서 피어 있네

산에서 우는 작은 새여
꽃이 좋아
산에서
사노라네

산에는 꽃 지네
꽃이 지네
갈 봄 여름 없이
꽃이 지네

김소월(1902~1934)

　본명은 정식으로, 평북 곽산에서 출생하였습니다. 김억(안서)의 가르침을 받아서
1920년대 가장 뛰어난 서정 시인으로 활동하였습니다. 이 동시는 산유화가 피고 지
는 모습을 서정적으로 운율감 있게 표현하였습니다.

목 장

이상

송아지는 저마다
먼 산 바래기*

할 말이 있는데두*
고개 숙이구*
입을 다물구*

새김질 싸각싸각
하다 멈추다

＊바래기: 바라기
＊있는데두: 있는데도
＊숙이구: 숙이고
＊다물구: 다물고

그래두* 어머니가
못 잊어라구*
못 잊어라구*

가다가 엄매–
놀다가두* 엄매–

산에 둥실
구름이 가구*
구름이 오구*

송아지는 영 영
먼 산 바래기*

＊ 그래두: 그래도
＊ 잊어라구: 잊어라고
＊ 놀다가두: 놀다가도
＊ 있는데두: 있는데도
＊ 가구: 가고
＊ 오구: 오고

이상(1910~1937)

　서울에서 태어나 1931년 시 '이상한 가역 반응'으로 등단하였습니다. 본명은 김해
경으로, 서울에서 태어났습니다. 이 동시는 목장 송아지의 모습을 서정적으로 표현
하였는데, 당시에 삽화와 잡지의 표지 그림도 이상이 직접 그렸습니다.

동시 일기로 써 보자

동시는 어린이가 느낀 감정이나 느낌을 운율이 있는 언어로 표현한 글이에요.

동시 일기를 쓰려면 하루의 생활과 그때의 감정이나 느낌을 평소 쓰는 말로 먼저 정리해야 해요. 그리고 거기에서 말의 느낌을 생생하게 살릴 수 있는 방법을 생각해야 해요.

예를 들어서 '계란 프라이를 요리한 일'을 동시로 쓴다면, '계란이 익었다.'라고 평범하게 쓰기보다는 '앗, 뜨거워! 놀란 계란이 통통 뛰다가 우지끈 미끄러졌어요.'와 같이 생생하게 표현해 보는 것이지요.

이 동시는 계란이 뜨거운 불에 튀겨지는 모습을 놀라서 뛰는 모습에 빗대어 표현했어요. 그리고 '통통, 우지끈'과 같은 상태나 동작을 나타내는 말을 사용하여 생생함을 더해 주고 있어요. 그리고 느낌을 살리기 위해 '계란이 놀라다.'라는 문장을 '놀란 계란이'와 같이 문장의 순서를 바꾸어 놓기도 했어요.

이와 같이 동시 일기를 잘 쓰려면 다음과 같은 방법으로 씁니다.

+ 경험이나 느낌을 꾸밈없이 솔직하게 씁니다.
+ 주변의 일을 그냥 보아 넘기지 말고 세심하게 관찰해서 씁니다.
+ 행과 연을 구분하여 씁니다.
+ 운율을 살려 쓰고, 다른 대상에 빗대어 씁니다.
+ 느낌을 살리기 위해 모양이나 소리를 흉내 내는 말 등을 사용합니다.

오늘 경험한 일 중 하나를 고르고 느낌을 살려서 동시 일기를 써 보세요.

월 일 요일	
일어난 시각 시 분	잠자는 시각 시 분

제 목 _____

오늘의 중요한 일	오늘의 착한 일
오늘의 반성	내일의 할 일

일기 비법
tip

★ 오늘 경험한 일 중에 인상 깊었던 것을 하나 고릅니다.

★ 그 일을 통해 느낀 감정이나 생각을 간단하게 정리합니다.

★ 그 일이 일어난 과정이나 생각의 흐름을 각 연으로 나누어 봅니다.

★ 각 과정에서 느낀 감정을 재미있게 표현해 봅니다.

★ 소리나 모양을 흉내 내는 낱말을 섞어 써 봅니다.

★ 잘 읽힐 수 있도록 운율감 있게 써 봅니다.

노래기벌을 관찰하다가

- 관찰 일기로 써 보자 -

1954년 어느 몹시 추운 겨울밤이었어요.

가족들이 모두 잠든 후 나는 난로 옆에서 책을 읽고 있었어요.

레옹 뒤프르의 벌에 대한 논문이 실린 곤충학 잡지였는데, 어찌나 재미있는지 책에서 눈을 떼지 못했지요.

'이것이야말로 내가 정말 할 일이다!'

나는 그때 환호성을 질렀습니다.

그때까지 나는 곤충학이란 곤충을 잡아 표본을 만들고, 책을 통해 이름을 찾고, 아무도 발견하지 않은 곤충을 찾아 내어 이름을 붙이는 것이라고 생각했어요.

하지만 곤충이 자연 속에서 어떻게 살아가는지 조사하는 것, 즉 생태 연구라는 분야가 있다는 것을 이 논문을 통해 알게 된 것이에요.

나는 어서 봄이 와서 뒤프르의 논문에 나온 사냥 벌을 연구할
수 있게 되기를 손꼽아 기다렸어요.

나는 그때부터 사냥 벌을 연구했고 뒤프르의 생각과 다른 것이
생겼어요. 그래서 그것을 정리해서 발표했는데 프랑스 학술원의
실험 생리학상을 받았어요.

그리고 더 반가운 것은 이것으로 뒤프르에게 격려의 편지를 받
았다는 거예요.

그래서 내 연구의 출발점이 된 뒤프르의 논문을 간단히 소개할
까 합니다.

비단벌레노래기벌은 사냥 벌의 한 종류입니다.

사냥 벌이란 혼자 생활하면서 다른 벌레를 사냥하여 집 속에
모아 두고 먹이로 삼는 벌을 말하지요.

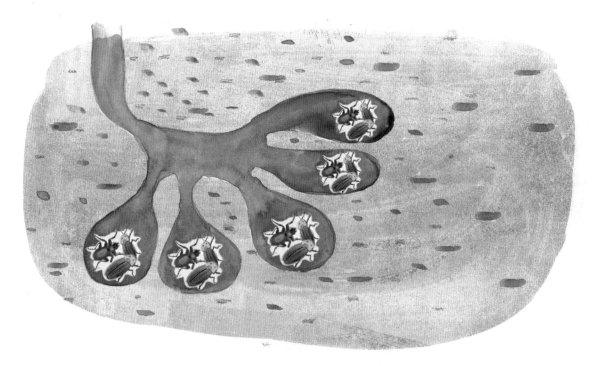

이 벌의 먹이는 딱딱한 날개를 가진 비단벌레 등 갑충을 사냥하는 노래기벌, 여치나 메뚜기 종류를 사냥하는 구멍벌, 거미를 사냥하는 대모벌, 굼벵이를 사냥하는 나나니벌 등이 있어요.

1839년 7월에 시골에 사는 친구가 나에게 비단벌레 두 마리를 보내 주었어요.

어떤 벌이 날아가다가 그 비단벌레를 떨어뜨렸다는 편지도 함께 들어 있었지요.

그 벌은 두줄비단벌레라는 흔하지 않은 매우 귀한 것이었어요.

이듬해에 나는 그 친구의 집에 왕진을 갈 일이 있었어요. 그래서 우리는 비단벌레를 찾아 나섰는데, 그날은 날이 흐리고 기온이 낮아서 그 일을 단념하고 벌집을 찾기로 했어요.

이런 벌들은 땅에 구멍을 파서 집을 만든다는 것을 알았기 때문에 높이 솟은 땅을 파 보기로 했지요.

삽으로 한참 파 내려가자 비단벌레의 날개가 부서진 채 햇빛을 받아 반짝이고 있지 뭐예요?

조심조심 더 파 내려가자 드디어 서너 마리의 비단벌레가 꾸물거리고 있었어요. 꿈만 같았지요.

이렇게 구덩이를 팔수록 비단벌레가 나타났는데 대체로 한 구덩이에 열 마리는 되었지요.

비단벌레노래기벌은 사람이 밟아서 단단해진 길에 집을 지어요. 벌집의 깊이는 보통 30~40센티미터 정도이고, 구멍은 처음에는 수직이지만 직각으로 굽어져 가장 깊은 곳에 다섯 개 정도의 버찌만한 방이 있어요.

그 속에 비단벌레가 들어 있는데, 보통 세 마리가 들어가기 좋은 곳인데, 비단벌레가 크면 한 마리가 있기도 합니다.

파브르는 벌레의 모양과 습성을
자세하게 관찰하여 빠짐없이 기록하고 있어!

파브르 곤충기

파브르가 쓴 글로, 파브르는 프랑스 남부의 프로방스에서 중학교 교사로 일하면서, 곤충, 타란툴라 독거미, 전갈 등을 연구했습니다. 〈파브르 곤충기〉의 부제는 '곤충의 본능과 습성에 관한 연구'이며, 1879년~1907년에 출판되었습니다. 모두 10권으로 된 곤충의 관찰 기록으로 편집되었으며, 남프랑스를 바탕으로 하여 곤충의 생활을 정확하고도 독특한 시적 표현을 사용하여 썼습니다.

관찰 일기로 써 보자

관찰 일기는 집이나 일정한 곳에 식물이나 동물을 키우면서 일정한 간격을 두고 관찰하여 달라진 부분을 적는 일기입니다.

그러므로 식물이나 동물을 기르면서 성장에 대한 궁금증을 많이 가져서 세밀하게 써야 하지요.

관찰 기록은 관찰 대상, 동기, 과정, 결과가 분명히 나타나게 써야 해요.

대상을 관찰하고 기록을 할 때에는 일정한 장소에 대상을 놓고 일정한 시간에 기록을 하는 것이 좋아요. 기록을 할 때에는 꾸미지 말고 있는 그대로 정확하게 써야 하지요.

이때, 수치나 용량 등을 정확히 기록하고, 자기의 느낌이나 의견을 덧붙여요. 그림이나, 도표, 사진 등을 자료로 덧붙이면 눈으로 쉽게 알 수 있어서 좋아요.

관찰 일기를 잘 쓰려면 다음과 같은 점에 유의합니다.

+ 관찰 대상을 정합니다.
+ 대상에 알맞은 장소를 정하고 대상에 적당한
  기온을 유지해 줍니다.
+ 날짜, 관찰 일수, 관찰 시간, 날씨 등을
  기록합니다.
+ 오늘의 상태를 기록하고 어제와의
  차이점을 씁니다.
+ 새로 알게 된 점을 기록합니다.
+ 더 궁금해진 점을 기록합니다.
+ 사진이나 그림으로 자세하게 표현합니다.

다음 그림은 패트리접시에 물을 묻힌 휴지를 놓고, 그 위에 강낭콩을 둔 그림(왼쪽)과 며칠 후에 달라진 모습(오른쪽)입니다. 그림을 바탕으로 관찰 일기를 써 보세요.

월 일 요일	
일어난시각 시 분	잠자는시각 시 분

제목

일기 비법
tip

★두 그림에서 달라진 점을 적습니다.
★그 모습을 본 생각이나 느낌을 적습니다.
★더 궁금한 점을 적습니다.
★이후 예상되는 그림으로 그려 봅니다.

101

부모님께 효도하자

- 효도 일기로 써 보자 -

손순 이야기

손순은 집이 매우 가난하여 아내와 함께 머슴살이를 하며 살았어요.

손순은 가난한 살림에 어머니를 모셨는데, 손순의 아이가 어머니께서 잡수시는 것을 날마다 빼앗아 먹었어요.

날이 갈수록 어머니는 수척해지고 아이는 피둥피둥 살이 올랐어요.

손순이 보다 못해 아내에게 말했어요.

"여보, 어머니께서 잡수시는 것을 아이가 빼앗아 먹으니 큰일이오. 모름지기 아이는 또 얻을 수 있거니와 어머니는 다시 모시기 어려우니 아이를 포기합시다."

손순과 아내는 눈물을 머금고 아이를 버리려고 취산 북쪽 기슭으로 갔어요.

지나던 길에 이상하게 생긴 돌로 만든

종이 있었어요.

"여보, 이런 깊은 산중에 석종이 있다니 참 괴이하구려!"

손순이 석종을 한번 두드려 보았어요.

석종은 소리가 아름답고 사랑스럽기가 그지 없었지요.

"서방님, 이 기이한 물건을 얻은 것은 아이의 복이니 다시 집으로 데리고 갑시다."

아내가 말하자 손순도 마음을 고쳐서 석종을 가지고 집으로 돌아왔어요.

손순는 집 대들보에 석종을 달고 날마다 종을 쳤어요.

그러던 어느 날 임금이 그 종소리를 들었어요.

"이 맑고 늠름한 소리는 무엇이더냐?"

임금은 손순네 석종 이야기를 전해 들었어요.

"옛적에 곽거라는 사람이 아들을 버릴 때 하늘이 금으로 만든 솥을 주시었느니라. 이제 손순에게는 땅에서 석종을 주셨으니 앞뒤가 서로 꼭 맞는구나. 여봐라! 효자 손순에게 집 한 채를 주고 해마다 쌀 오십 석을 주거라!"

이렇게 해서 손순은 어머니를 잘 모실 수 있게 되었어요.

이 맑고 늠름한 소리는 무엇이더냐

도씨 이야기

도씨는 집은 가난하였으나 효성이 지극하였어요.

날마다 숯을 팔아 고기를 사서 어머니의 반찬으로 올렸지요.

하루는 어머니가 병이 나서 때 아닌 홍시를 찾았어요.

도씨는 그 길로 감나무를 찾아 헤매다가 한밤중에 길을 잃었어요. 그러다가 호랑이를 만났는데, 이상하게도 호랑이가 도씨의 앞길을 가로 막으며 타라는 신호를 보냈어요.

도씨는 겁에 질려서 말에 탔는데, 정신을 차리고 보니 어느 낯선 집 방 안이었어요.

얼마 뒤 주인이 제삿밥을 차려 주는데 홍시가 있었어요.

"제가 어머니에게 드릴 홍시를 찾아 산중을 헤맸는데 어찌 이런 홍시가 있단 말이오?"

도씨가 묻자 주인이 눈물을 흘리며 말했어요.

"돌아가신 아버지가 감을 좋아하셨는데 해마다 가을에 감을 이백 개씩 가려서 모두 굴 안에 감추어 두었지요. 오월에 이르면 상하지 않은 것 예닐곱 개만 남았는데, 올해는 50개나 상하지 않아서 이상하다고 여겼습니다. 이것은 분명히 그대의 효성에 하늘이 감동한 것인 듯합니다."

주인은 도씨에게 스무 개의 홍시를 선뜻 내어 주었지요.

도씨는 감사하다는 말을 하고 문밖으로 나왔어요. 그런데 그때까지 호랑이가 누워서 도씨를 기다리고 있었지요.

도씨가 호랑이를 타고 집에 돌아오자 새벽닭이 울었어요,

이런 일에도 어머니가 얼마 지나지 않아 돌아가시자 도씨는 하염없이 눈물을 흘렸다고 합니다.

손순과 도씨는 어머니를 위해 어떤 어려움도 견디며 효도를 하였어!

명심보감

〈명심보감〉은 고려 충렬왕 때 추적이 지었다는 〈명시보감초〉를 줄여서 말하는 것입니다. 옛날 어린이들에게 〈천자문〉을 배운 다음에 〈동문선습〉과 함께 익히게 하는 책이었습니다.

'명심'이란 마음을 밝게 한다는 뜻이며, '보감'은 보물과 같은 거울로서의 교본이 된다는 뜻입니다. 원래 계선편 · 천명편 등 모두 20편으로 되어 있었으나, 이후에 효행편 속 · 염의편 · 권학편 등을 늘리고 팔반가(八反歌) 등을 늘렸다고 합니다. 제시된 글들은 효행편 속에 있는 것입니다.

효도 일기로 써 보자

'부모님께 효도하자!'

우리가 매일 생각하고 글짓기 대회에서도 빠짐없이 등장하는 주제이지만 실천이 잘 안 되는 것이 참 이상하지요?

효도 일기는 공기와 물처럼 늘 우리 곁에 계시며 추억을 함께 하는 부모님의 고마움에 대한 마음을 표현한 일기예요.

효도 일기를 잘 쓰려면 매일 자기 위주로 생활하던 것에서 벗어나 부모님의 고마움을 느낄 수 있는 경험을 해 보아야 해요.

예를 들어, 부모님께서 평소에 하신 말씀대로 행동한다든지, 부모님의 일을 도와드린다든지, 부모님의 노고에 보답하는 의미에서 어떤 행동을 한다든지 등 여러 방법이 있지요.

무엇보다 이 일을 하면서 부모님의 일상생활을 헤아려서 고마움을 느낀 마음을 잘 표현해야 해요. 이때, 억지로 감정을 짜낸다든지 꾸며 쓰는 것은 피해야 해요.

친구들과 공원에서 서바이벌 놀이를 하고 돌아오니 해가 뉘엿뉘엿 지고 있었다.

텅 빈 집에서 물을 먹다가 문득 오늘이 효도 일기를 쓰는 날이라는 사실을 깨달았다.

'부모님이 안 계시니 어떻게 효도를 하지? 진작에 할걸……'

바로 그때 수북이 쌓인 설거지가 눈에 들어왔다.

'앗싸, 오늘은 설거지다!'

달그락달그락 설거지를 하니 환하게 웃으실 엄마 모습을 떠올랐다.

106

주말 동안 부모님의 일을 도와드린 뒤 느낀 점을 효도 일기로 써 보세요.

월 일 요일	
일어난 시각 시 분	잠자는 시각 시 분

제목

오늘의 중요한 일

오늘의 착한 일

오늘의 반성

내일의 할 일

일기 비법
tip

★ 자신이 실천하면 부모님이 기뻐하실 일을 생각하여 하나를 정합니다.

★ 평소에 부모님이 그 일을 어떻게 하셨는지 생각하여 실천합니다.

★ 그 일을 했을 때 부모님이 어떻게 반응하셨는지 적습니다.

★ 그 일을 한 후 느낌은 어땠는지 자세하게 적습니다.

★ 앞으로의 다짐을 덧붙입니다.

★ '처음-가운데-끝'으로 나누어 써 봅니다.

아버지는 날 낳으시고 어머니는 날 기르셨도다!

– 한자 일기로 써 보자 –

부생아신(父生我身) 아버지는 나를 낳으시고
모국오신(母鞠吾身) 어머니는 나를 기르셨도다.

복이회아(腹以懷我) 배에 나를 품어 주시고
유이포아(乳以哺我) 젖으로 나를 먹이셨도다.

이의온아(以衣溫我) 옷으로 나를 따뜻하게 하시고
이식포아(以食飽我) 음식으로 나를 배부르게 하시도다.

은고여천(恩高如天) 은혜가 높기는 하늘과 같고
덕후사지(德厚似地) 덕이 두텁기는 땅과 같도다.

위인자자(爲人子者) 자식 된 자로서

갈불위효(曷不爲孝) 어찌 효도를 하지 않으리오.

욕보기덕(欲報其德) 깊은 은혜를 갚고자 한다면

호천망극(昊天罔極) 하늘같이 다함이 없도다.

부모호아(父母呼我) 부모가 나를 부르시거든

유이추진(唯而趨瑨) 곧 대답하고 달려갈지니라.

부모사아(父母使我) 부모님이 나에게 심부름을 시키시거든

물역물태(勿逆勿怠) 거스르지도 말고 게으름을 부리지 말라.

부모유명(父母有命) 부모님이 명하시면

부수경청(俯首敬聽) 머리를 숙이고 공경히 들어라.

좌명좌청(坐命坐聽) 앉아서 말씀하시면 앉아서 듣고

입명입청(立命立聽) 서서 말씀하시면 서서 들어라.

부모출입(父母出入) 부모가 나가고 들어오시거든

매필기립(每必起立) 늘 반드시 일어나 서라.

부모의복(父母衣服) 부모님의 옷을

물유물천(勿踰勿踐) 넘어 다니지 말고 밟지 마라.

부모유질(父母有疾) 부모가 질병이 있으시거든

우이모추(憂而謀瘳) 근심하여 낫게 해드릴 것을 꾀하라.

父生我身 母鞠吾身

대안불식(對案不食) 밥상을 대하고 잡숫지 않으시거든

사득량찬(思得良饌) 좋은 반찬을 장만할 것을 생각하라.

신필선기(晨必先起) 새벽에는 반드시 먼저 일어나서

필관필수(必盥必漱) 반드시 세수하고 반드시 양치질하라.

혼정신성(昏定晨省) 저녁엔 잠자리를 정하고 새벽엔 문안하고,

동온하청(冬溫夏淸) 겨울엔 따뜻하게, 여름엔 시원하게 해 드려라.

출필고지(出必告之) 나갈 때에는 반드시 아뢰고

반필면지(反必面之) 돌아오면 반드시 뵈어라.

신물원유(愼勿遠遊) 부디 먼 곳에 가서 놀지 말며

유필유방(遊必有方) 놀더라도 반드시 일정한 곳에 있어라.

〈사자소학〉은 어린이가 배워야 할 도리를 기록해 놓았어!

사자소학

　〈사자소학〉은 주희의 소학과 기타 여러 경전의 내용을 알기 쉽게 생활 한자로 편집한 한자 학습 입문서입니다. 옛날에 서당에서 공부하는 아이들이 가장 먼저 배우는 한자의 기초 교과서인데, 부모님에 대한 효도, 형제간의 우애, 친구간의 우정, 스승 섬기기, 바람직한 대인 관계 등 올바른 마음가짐을 갖기 위한 기본적인 행동의 가르침이 담겨져 있습니다.

한자 일기로 써 보자

'하늘 천(天), 땅 지(地)'

한자어는 우리말의 대부분을 차지하지만 막상 한자로 쓰려면 잘 되지 않아요.

한자 일기를 쓰는 이유는 생활 속에서 한자를 익혀서 활용하면 좋 기 때문이에요.

우리말이 있는데 한자를 왜 써야 되냐고요?

그건 한자 속에는 여러 의미가 담겨 있어서 우리말로 표현하기 힘 든 것을 표현할 수 있고, 우리말을 더 풍성하게 해 주기 때문이에요.

〈사자소학〉을 그냥 한글로 읽으면 무슨 뜻인지 알 수 없지만 한자 의 뜻과 음으로 나누어 보면 어렵지 않게 해석할 수가 있지요.

한자 일기를 쓰려면 처음부터 한자어로 쓰기보다는 한글로 쓴 후 에 쉬운 한자어부터 한자로 써 보는 것이 좋아요.

'등산(登山), 공부(工夫)'와 같이 생활에서 많이 쓰는 제재로 일기의 제목을 정해 한자로 써 보세요. 그리고 본문도 3~4개 정도의 낱말을 한자로 써 본 후 점차 개수를 늘려 보세요.

다음 일기 속 한자를 〈보기〉에서 찾아 한자 일기로 써 보세요.

월	일	요일	☀ ⛅ ☁ ☂ ⛄
일어난 시각	시	분	잠자는 시각 시 분

제목 가족회의(   )

우리 가족(   )이 모여 청소를 주제(   )로 가족회의(   )를
했다. 아빠는 우리 집은 가족 모두가 청소해야 한다고 주장(   )하셨다.
나는 학생은 바빠서 자기 방 청소밖에 할 수 없다고 내 의견(   )을
당당(   )하게 발표(   )하였다. 유치원생인 동생은 불공평하다고
반대(   )하였다. 엄마는 물건을 아무 데에나 두는 습관(   )을 조금만
고치면 도와주시겠다고 하셨다.
우리 가족(   )은 모두 동의(   )하였다.

오늘의 중요한 일	오늘의 착한 일
오늘의 반성	내일의 할 일

〈보기〉 家族 / 會議 / 主張 / 堂堂 / 發表 / 習慣 / 反對 / 意見 / 主題 / 同意

일기 비법 tip

★ 글 전체를 읽어 봅니다.
★ 괄호 밖에 한자어의 음에 알맞은 한자를 〈보기〉에서 찾아 괄호 안에 써 넣습니다.
★ 모르는 한자는 자전을 찾아 음과 뜻을 익힙니다.
★ 한자를 다 쓴 후에 한자를 보고 다시 한번 글 전체를 읽어 봅니다.

이런 아들이 되게 하소서

- 반성 일기로 써 보자 -

제 아들이 이런 사람이 되게 하소서!

약할 때 자신을 돌아볼 줄 아는 여유와
두려울 때 자신을 잃지 않는 대담성을 가지고
정직한 패배에 부끄러워하지 않고 태연하며
승리에 겸손하고 온유한 자가 되게 하소서!

생각해야 할 때에 고집하지 말게 하시고
자신을 아는 것이 지식의 기초임을 알게 하소서!

원하옵나니 평탄하고 안이한 길로 인도하지 마옵시고
고난과 도전에 직면하여 분투 항거할 줄 알도록
인도하여 주소서!

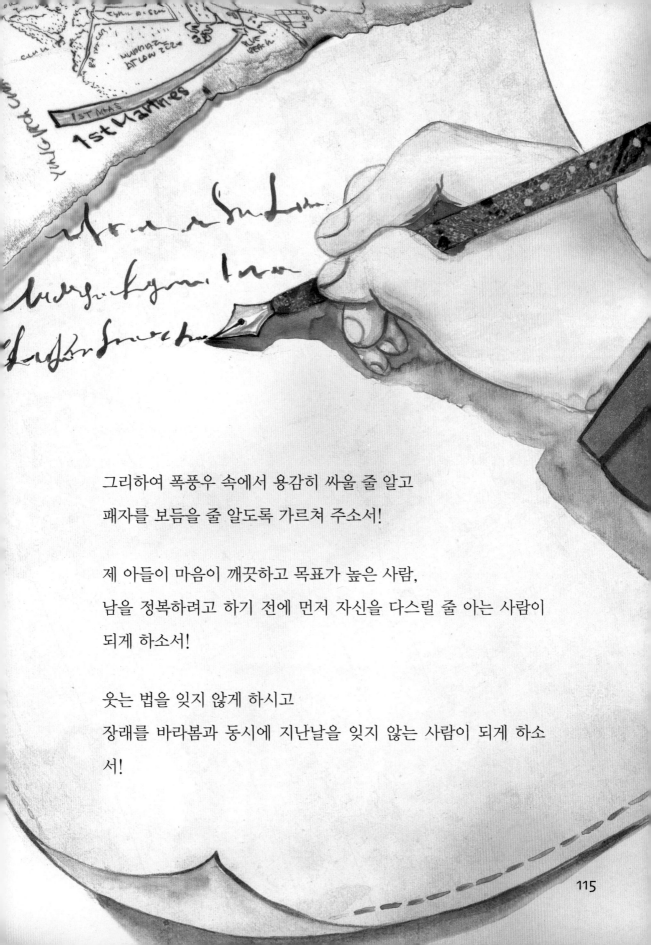

그리하여 폭풍우 속에서 용감히 싸울 줄 알고
패자를 보듬을 줄 알도록 가르쳐 주소서!

제 아들이 마음이 깨끗하고 목표가 높은 사람,
남을 정복하려고 하기 전에 먼저 자신을 다스릴 줄 아는 사람이
되게 하소서!

웃는 법을 잊지 않게 하시고
장래를 바라봄과 동시에 지난날을 잊지 않는 사람이 되게 하소
서!

이런 것들을 허락하신 다음에 더하여 유머를 알게 하시고
생을 엄숙하게 살아감과 동시에 인생을 즐길 줄 알게 하소서!

나 자신에 지나치게 집착하지 말게 하시고
겸허한 마음을 갖게 하시어
참된 위대성은 소박함에 있음을 알게 하시고
참된 지혜는 열린 마음에 있으며
참된 힘은 온유함에 있음을 명심하게 하소서!

그리하여 어느 날

내 인생을 헛되이 살지 않았노라고

고백할 수 있도록 도와주소서!

예수님의 이름으로 기도 드립니다.

아멘!

맥아더 장군은 자신의 생활을 반성하면서 아들이 훌륭한 사람으로
클 수 있기를 바라는 마음을 담아 기도문을 썼어!

맥아더 장군

　태평양전쟁 미군 최고 사령관으로 제2차 세계 대전이 일어나자 진
주만을 기습한 일본을 공격하여 1945년 8월 일본을 항복시키고 일본
점령군 최고 사령관이 되었습니다. 한국 전쟁 때에는 유엔군 최고 사
령관으로 전쟁에 참전하여 인천 상륙 작전을 지휘하였습니다. 하지
만 중공군과 전면전을 두고 트루먼 대통령과 갈등을 빚어 해임되었고
'노병은 죽지 않는다. 다만 사라질 뿐이다.'라는 말을 남겼습니다. 제
시된 부분은 맥아더 장군이 아들을 위해 쓴 기도문입니다.

반성 일기로 써 보자

'다음부터 하지 말아야겠다.'

어린이의 일기 맨 뒤의 문장은 이렇게 자신의 행동을 반성하는 것으로 끝나는 것이 많아요. 그런데 반성이라는 것은 꼭 잘못한 일만 쓰는 것은 아니지요.

〈맥아더 장군의 아들을 위한 기도문〉은 아들이 잘 커 주기를 바라는 아버지의 마음이 담겨 있는데, 이 속에는 아버지가 경험한 일 중 잘한 일과 잘못한 일을 반성하는 모습도 담겨 있어요.

반성 일기에는 내가 한 일 중에서 잘한 일과 조금 아쉬웠던 일을 모두 담는 것이 좋아요. 잘한 일과 잘못한 일을 생각하는 일은 비판적 사고의 기초가 되고 더 발전된 자신을 만나는 일이에요.

반성 일기를 잘 쓰려면 하나의 사건을 고른 후 그것에 대한 나의 비판을 덧붙여 보세요.

예를 들어 단원 평가 시험을 보았다면, 열심히 해서 뿌듯했던 일도 쓰고 실수나 후회한 것을 쓸 수도 있지요.

잘한 일을 쓸 때

+ 오늘 한 일 중에서 보람 있거나 잘한 일을 씁니다.
+ 그때 느낀 보람과 기쁨의 감정을 씁니다.

아쉬웠던 일을 쓸 때

+ 오늘 한 일 중에서 후회한 일이나 미안한 일을 씁니다.
+ 그때 느낀 부끄러움과 미안한 마음을 씁니다.
+ 다음에 어떻게 할지 생각한 일을 씁니다.

다음 주제로 반성 일기를 써 보세요.

월 일 요일	☀ ⛅ ☁ ☔ ⛄
일어난 시각 시 분	잠자는 시각 시 분

주제   시험

오늘의 중요한 일

오늘의 착한 일

오늘의 반성

내일의 할 일

일기 비법 tip

★ 시험을 보기 전의 분위기를 써 봅니다.

★ 시험을 보면서 느낀 감정을 실감나게 표현해 봅니다.

★ 시험이 끝난 후 생각한 것이나 친구와 가족과 나눈 대화 내용을 써 봅니다.

★ 앞으로 시험을 볼 때 어떻게 해야 할지 써 봅니다.

★ '처음-가운데-끝'으로 나누어 써 봅니다.

너에게 편지를 쓴다

- 편지 일기로 써 보자 -

1889년 1월

테오에게

사람들은 나를 미쳤다고 말하지만 내가 미치지 않았다면, 내가 그림을 시작할 때부터 자네에게 약속해 온 그림을 꼭 보낼 수 있을 거라네.

하지만 나중에는 하나의 연작으로 보여야 할 그림이 여기저기 흩어지게 될지도 모른다네.

그렇다 해도, 자네 하나만이라도 내가 원하는 전체 그림을 보게 되길 바라네. 그래서 그 그림 속에서 마음의 위안을 받게 되길 바라네.

테오!

자네는 나를 먹여 살리느라고 늘 가난하게 지내겠군.

돈은 꼭 갚겠네.

만약 그것도 안 된다면 내 영혼을 주겠네.

아를에서 고흐가

네 영혼을 주겠네

〈씨 뿌리는 사람〉의 스케치를 보내네.

흙을 온통 파헤친 넓은 밭은 선명한 보라빛을 띠고 있네.

잘 익은 보리밭은 연홍빛을 띤 황토색이라네.

실제로 대지가 어떤 색인가에는 별로 관심이 없네.

낡은 달력에서 볼 수 있는 소박한 그림을 그리고 싶었거든.

솔직히 내가 시골에서 자라 그런지 시골 풍경에 대한 반감은 전혀 갖고 있지 않네.

과거의 단편적인 기억은 아직도 나를 황홀하게 하며 영원한 것에 대한 동경을 갖게 한다네.

씨 뿌리는 사람이나 밀짚단은 그 상징이지.

고흐, 〈씨 뿌리는 사람〉, 1888년, 유화.

고흐, 〈꽃병에 꽂힌 열두 송이 해바라기〉,
1888년, 유화.

나는 늘 두 가지 생각에서 헤어나지 못한다네.

하나는 돈이 없어서 생활이 어려운 것이고, 다른 하나는 내 그림의 색에 대한 것이지.

내가 색깔에 대한 탐구를 통해서 무언가 보여 줄 수 있기를 바란다네.

어둠이 내려서 온통 푸른 밤이네.

카페 테라스의 커다란 가스 등이 불을 밝히고 있네.

그 옆으로 별이 반짝이는 파란 하늘이 보인다네.

밤 풍경이나 밤이 주는 느낌, 혹은 밤 그 자체를 그 자리에서 그리는 일이 아주 재미있군.

고흐, 〈아를의 포럼 광장에 있는 밤의 카페 테라스〉,
1888년, 유화.

나는 가슴이 뜨겁고 미친 생각을 하곤 한다네.

그래서 가끔 알 수 없는 바다를 항해한다네.

고흐, 〈귀가 잘린 자화상〉.
1889년, 유화.

네덜란드 유령선의 꿈도 꾸었지.

요람을 흔드는 여인이 선원을 잠에 빠지게 하려고 노래하는 것을 듣기도 했지.

그리고 음악을 잘 모르면서 베를리오즈의 음악을 색의 배치를 통해 그림으로 표현하려던 모습도 떠올랐지.

어릴 때 들었던 자장가를 듣기도 했다네.

고흐는 동생 테오에게 그림을 그릴 때의 자신의 마음을 담은 편지를 썼어!

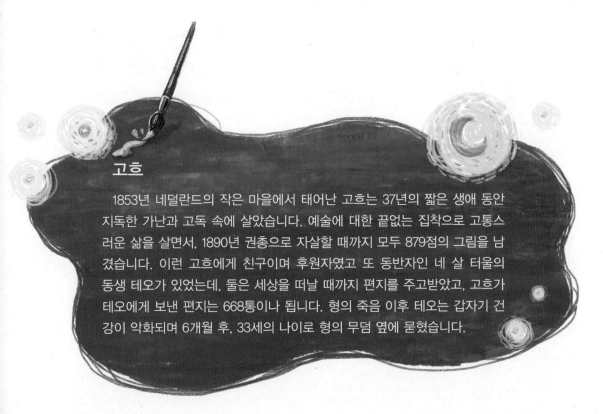

고흐

1853년 네덜란드의 작은 마을에서 태어난 고흐는 37년의 짧은 생애 동안 지독한 가난과 고독 속에 살았습니다. 예술에 대한 끝없는 집착으로 고통스러운 삶을 살면서, 1890년 권총으로 자살할 때까지 모두 879점의 그림을 남겼습니다. 이런 고흐에게 친구이며 후원자였고 또 동반자인 네 살 터울의 동생 테오가 있었는데, 둘은 세상을 떠날 때까지 편지를 주고받았고, 고흐가 테오에게 보낸 편지는 668통이나 됩니다. 형의 죽음 이후 테오는 갑자기 건강이 악화되며 6개월 후, 33세의 나이로 형의 무덤 옆에 묻혔습니다.

편지 일기로 써 보자

편지는 받는 사람과 보내는 사람이 있게 마련입니다.

편지 일기는 내가 다른 사람에게 자신의 생활을 말하듯이 쓴 일기 예요. 보내는 사람은 늘 나 자신이지만, 받는 사람은 언제나 바뀔 수 있지요.

〈고흐의 편지〉처럼 동생에게 쓸 수도 있고, 가족과 친구, 선생님 등 잘 아는 사람들에게 쓸 수도 있지만, 책의 주인공, 책의 작가 등 상상 속 인물이나 모르는 사람에게 쓸 수도 있지요.

받는 사람을 정할 때에는 자신의 일과를 잘 알고 있거나 관련이 많은 사람이면 좋아요. 내용을 풍부하고 자세하게 쓸 수 있기 때문이지요.

예를 들어, 용돈과 관련된 내용은 부모님께 쓰는 것이 좋을 것이 고, 책을 읽고 난 후 감동을 쓰려면 작가나 등장인물에게 쓰는 것이 좋을 거예요. 그리고 사연을 쓸 때에는 일어난 일이나 책의 내용을 중심으로 쓰기보다는 자신의 경험과 느낌을 중심으로 쓰는 것이 좋 아요.

어린 왕자에게	받는 사람
어린 왕자야, 안녕? 난 소라라고 해.	첫인사
넌 사막에 떨어진 아저씨를 만나 양 한 마리를 그려 달라고 했지?	
네가 마음에 든 것은 비실한 양도 아니고 늙어 보이는 양도 아니었잖아?	
상자 안에 든 양이었지. 네가 상상한 양이었던 거지.	하고 싶은 말
그 마음을 나도 알 것 같아.	
넌 만나면 어쩐지 잘 통할 것 같다.	끝인사
어린 왕자가 보고 싶은 이소라가	쓴 사람

최근에 읽은 책의 주인공에게 편지 일기를 써 보세요.

월 　 일 　 요일 　 날씨:

일기 비법
tip

★ 누구에게 편지를 쓸 것인지 생각해 봅니다.
★ 책 내용 중에서 어떤 것을 중심으로 쓸지 생각해 봅니다.
★ 주인공과 나의 생활을 어떻게 연결할지 생각해 봅니다.
★ '받는 사람 - 첫인사 - 하고 싶은 말 - 끝인사 - 쓴 사람'의 순서로 씁니다.

아낌없이 주는 나무와 한 소년이 만났을 때

- 독서 일기로 써 보자 -

셸 실버스타인의 〈아낌없이 주는 나무〉라는 책을 읽었다.

늘 내어 주기만 하는 나무와 자기가 필요할 때에만 나무를 찾아오는 어느 소년의 이야기이다.

이 책에는 나무와 소년이 함께 살아 온 일생의 과정이 짤막한 글과 그림을 통해 감동적으로 그려지고 있다.

어느 마을에 한 소년이 살고 있었다.

그 소년은 사과나무 한 그루를 좋아했는데, 그 나무도 그 소년을 좋아했다.

소년은 나무에 올라가서 사과도 따먹고 쉬기도 했다.

그러던 어느 날 소년이 멀리 떠나자 나무는 몹시 슬퍼한다.

얼마 뒤, 소년은 청년이 되어서 나무에게 왔다.

나무는 옛날처럼 소년에게 나무 위에 올라와서 사과도 따먹고, 쉬며 놀자고 한다.

그러나 소년은 거절하며 돈이 필요하다고 한다.

그래서 나무는 자기의 열매를 나누어 주면서 그것을 시장에 내다 팔라고 한다.

얼마 뒤 소년은 또 찾아와서 배를 만들 뗏목을 달라고 한다.

그러자 나무는 자신의 나뭇가지를 내어 준다.

또 얼마 뒤 소년이 찾아와서 집이 필요하다고 말하자, 나무는
자신의 몸통을 기꺼이 내어 준다.

세월이 흘러 노인이 된 소년이 나무에게 찾아오자, 나무는 슬
퍼하며 말한다.

"난 이제 네가 따먹을 사과도 없고, 네가 내다 팔 나뭇가지도
없어."

그런데 이번에는 소년이 손을 저으며 말한다.

"아니야, 이젠 난 다 필요 없어. 단지 좀 쉬고 싶어."

그러자 나무는 그루터기를 내어 주며 소년을 쉬게 한다.

그리고도 행복하다고 말한다.

이 이야기에서 나무는 평생 소년에게 주기만 하고, 소년은 나무에게 받기만 한다.

하지만 나무는 소년에게 주는 것을 가장 행복하다고 한다. 그것은 소년과 함께 할 수 있기 때문이다.

그러고 보니 소년도 나무에게 준 것이 있는 셈이다.

나는 문득 늘 우리에게 주기만 하시는 부모님이 나무 같고, 부모님에게 받기만 하는 우리가 소년 같다는 생각을 하였다.

나도 언젠가는 부모님을 떠나 살겠지만 소년처럼 필요할 때에만 찾아오지 않겠다.

글쓴이는 〈아낌없이 주는 나무〉를 읽고 아낌없이 주는 나무가
마치 부모님 같다고 생각하고 있어!

아낌없이 주는 나무

〈아낌없이 주는 나무〉는 전 세계 아이들뿐 아니라 어른들에게도 변함없이 사랑받아온 쉘 실버스타인의 대표작으로, 인생의 참된 가치가 무엇인지 일러 주는 작품입니다. 소년을 향한 나무의 무조건적인 사랑이 독자의 가슴을 울립니다.

독서 일기로 써 보자

'하루라도 책을 읽지 않으면 입안에 가시가 돋친다.' 라고 말한 안 중근 의사의 말처럼 책은 마음의 양식이예요.

세종대왕, 퀴리 부인, 에디슨 등 세상에 위대한 업적을 남긴 사람 들은 모두 어릴 적부터 독서를 많이 했다는 공통점이 있어요.

하루에 몇 분이라도 책을 꾸준히 읽고 독서 감상문을 쓴다면 세상 을 당당하게 살아가는 커다란 힘이 되지요.

책은 우리에게 많은 정보와 교양을 주기도 하고, 간접 체험을 통해 생각의 깊이를 넓혀 주기도 해요.

독서 일기는 그날 읽은 책이나 글 중에서 가장 기억에 남는 내용에 대해서 아무런 형식 없이 쓰는 일기예요.

작품에 대한 전체적인 감상뿐 아니라 그것을 보고 느끼거나 생각 한 것을 쓰기도 하고, 인상적인 부분이나 이해할 수 없었던 점 등을 써도 되지요. 이것을 통해 내가 하고 싶은 이야기와 앞으로의 다짐이 나 계획을 쓸 수 있기 때문이에요.

독서 일기를 다음의 방법으로 특별하게 써 보는 것도 좋아요.

+ 책의 작가와 이야기를 나누는 형식으로 씁니다.
+ 책 속의 주인공의 성격이나 행동에 대해서 씁니다.
+ 책 속의 주인공과 이야기하는 형식으로 씁니다.
+ 책을 읽고 느낀 점을 나의 생활과 관련지어 씁니다.

최근에 읽은 책으로 독서 일기를 써 보세요.

월 일 요일	 ☀ ⛅ ☁ ☂ ⛄
일어난 시각 시 분	잠자는 시각 시 분

제목 :   글쓴이 :

읽은 기간 :   월   일   ~   월   일

줄거리 및 내용 :

★ 최근에 읽은 책 중에 가장 기억에 남는 책 내용을 떠올려 봅니다.

★ 책의 줄거리와 등장인물, 분위기가 어떠하였는지 생각해 봅니다.

★ 가장 인상적인 장면이 무엇이고, 그 장면으로 어떤 이야기를 쓸지 정합니다.

★ 내 생활과 어떻게 연결시킬지 생각해 봅니다.

★ 제시한 항목대로 쓰되, 줄거리와 느낌을 나누지 말고 자신의 생각이나 느낌을 중심으로 써 봅시다.

일기 비법 tip

The Tale of Peter Rabbit

- 영어 일기로 써 보자 -

피터 래빗 이야기

베아트릭스 포터(Beatrix Potter, 1866~1935)가 쓴 토끼 이야기 시리즈입니다. 포터는 어렸을 적 밖에서 뛰어놀 수 없는 허약한 아이들을 위해 꼬마 토끼 피터 래빗 이야기를 만들어서 그림 편지로 보내 주었습니다.

이 시리즈에는 토끼, 닭, 다람쥐 등의 친숙한 동물들이 좌충우돌하는 모습을 익살스럽게 담고 있습니다.

(자료 제공:소와 다리 출판사)

Once Upon a Time, there were
four little Rabbits, and their names
were Flopsy, Mopsy, Cotton-tail, and Peter.
They lived with their Mother in a sand-bank,
underneath the root of a very big fir-tree.

옛날에 꼬마 토끼 네 마리가 살았어요.
토끼들의 이름은 폴롭시, 몹시, 코튼테일, 그리고 피터였어요.
꼬마 토끼들은 깊은 숲 속 아주아주 커다란 전나무 밑동
모래 언덕 토끼굴에서 엄마 토끼와 함께 살았지요.

"Now my dears,"

said old Mrs. Rabbit one morning,

"you may go into the fields or down the lane,

but don't go into Mr. McGregor's garden,

your Father had an accident there;

he was put in a pie by Mrs. McGregor."

"애들아, 애들아."
어느 날 엄마 토끼가 말했어요.
"들판엘랑 샛길이랑 나가 놀아도 좋지만
맥그리거 아저씨네 텃밭에는 들어가지 말아라.
아빠 토끼를 맥그리거 부인이 잡아 갔단다."

"Now run along, and don't get into
mischief. I am going out."

"자, 이제 뛰어 놀아라. 말썽 피우지 말고.
엄마는 나갔다 올 테니."

피터 래빗 이야기는 간단한 영어 문장과 그림으로
내용을 쉽게 이해할 수 있어!

영어 일기로 써 보자

영어 일기는 그날 겪은 일을 영어 문장으로 쓴 일기로, 영어 책을 자연스럽게 읽는 수준이 되면 시작해 보는 것이 좋아요.

처음에는 두세 줄이 고작이지만 다섯 줄, 일곱 줄씩 양을 늘려가다 보면 오래지 않아 종이 한 장을 가득 메울 수 있답니다.

영어 일기를 잘 쓰려면 영어 리딩 책을 많이 읽어야 해요. 영어 문장을 쓴다는 느낌을 갖지 않고 써 나가다 보면 책에서 본 영어 표현이 생각난답니다.

영어 일기를 처음 쓸 때에는 스펠링, 문법, 문장 구조가 많이 틀리지만 반복하다 보면 점점 정확해지지요.

하지만 영어 일기를 쓰고 부모님이나 선생님에게 검사를 받을 필요는 없어요. 자신이 쓴 영어 일기를 잘 보관해 두었다가 6개월 뒤나 1년 뒤에 다시 보면 스스로 교정할 능력이 생긴답니다.

처음에 스펠링, 문법에 맞게 쓰는 것에 초점을 맞추지 말고 내 머리 속에 정리된 것을 풀어 낸다는 생각으로 편하게 써 보세요.

쓸 거리를 생각할 때에는 모국어인 한글을 사용하고, 표현할 때에 한글 대신 영어를 사용하는 거예요. 한마디로 말하면, 영어만 열심히 한다고 영어 글을 잘 쓰는 것이 아니랍니다.

영어 일기도 한글 일기를 쓸 때처럼 하루에 일어난 일을 생각 없이 나열하면 매일 똑같은 내용밖에 나오지 않아요. 매일 형식과 주제를 다양하게 써 보는 시도를 해 보아야 한답니다.

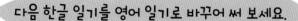

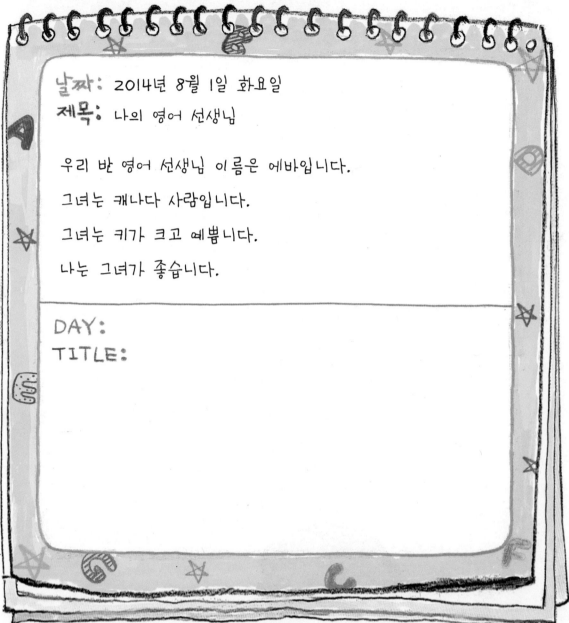

날짜: 2014년 8월 1일 화요일

제목: 나의 영어 선생님

우리 반 영어 선생님 이름은 에바입니다.

그녀는 캐나다 사람입니다.

그녀는 키가 크고 예쁩니다.

나는 그녀가 좋습니다.

DAY:

TITLE:

일기 비법 tip

★날짜 쓰기: ①요일, 월, 일, 연도, 날씨의 순서로 씁니다(예Sunday, March 9, 2014, Rainy). ②날짜를 서수로 표현하기도 합니다(예 March 9th). ③날짜란의 월과 요일은 약자로 쓰기도 합니다(예Sun. Mar.).

★주제와 관련된 영단어를 이용하여 본문 문장을 만듭니다.

★잘 모르는 문장이나 영단어를 사전에서 찾아 영작을 완성해 봅니다.

암호를 풀어라

- 마인드맵 일기로 써 보자 -

"이건 포록의 필체야."

홈스가 식탁 앞에 턱을 괴고 앉아서 생각에 잠긴 얼굴로 말했어요.

그는 편지봉투를 집어서 불빛에 비추면서 겉면과 위쪽에 접힌 부분을 자세히 들여다보았지요.

"음, 포록의 필체를 두 번밖에 본 적이 없지만 그의 필체가 분명해. 내가 아는 사람 중에서 특이한 장식 곡선이 있는 그리스 어 e를 쓰는 사람은 포록밖에 없어. 만약 포록이 정말 쓴 거라면

이 종이에는 상당히 중요한 내

용이 들어 있을 거야."

　"그런데 포록이 누구지?"

　왓슨이 궁금한 듯 물어 보았

어요.

　"왓슨, 포록은 필명이라네. 하지만 포록

이라는 이름을 쓰는 사람은 분명 아주 교활하고 기이

한 인물임에 틀림없어. 그는 먼저 보낸 편지에서 포록은 분명히

아니라고 밝히면서 수백 만 명이 사는 이 런던에서 자신을 추적

해 보라고 하더군. 그 사람은 별 볼일 없지만, 그가 접촉하고 있

는 인물은 중요하지. 내 생각에는 포록의 배후에는 아주 사악한

사람이 있는 것 같아."

　홈스는 고개를 끄덕이며 듣는 왓슨에게 물었어요.

　"내가 모리어티 교수에 대해 얘기한 적이 있던가?"

　"응, 역사상 가장 뛰어난 전략가이자 모든 못된 행동을 창시한

사람이잖아. 그리고 한 나라의 운명을 좌우하며 암흑기를 지배

한 인물 아닌가? 하지만 그 사람은 모습을 드러내지 않잖아?"

　"바로 그 점이야."

　"하긴 그렇기 때문에 혐의를 받거나 의심을 받을 염려가 없지.

이 포록은 이 천재와 연결되어 있는 고리라고 할 수 있어. 하지

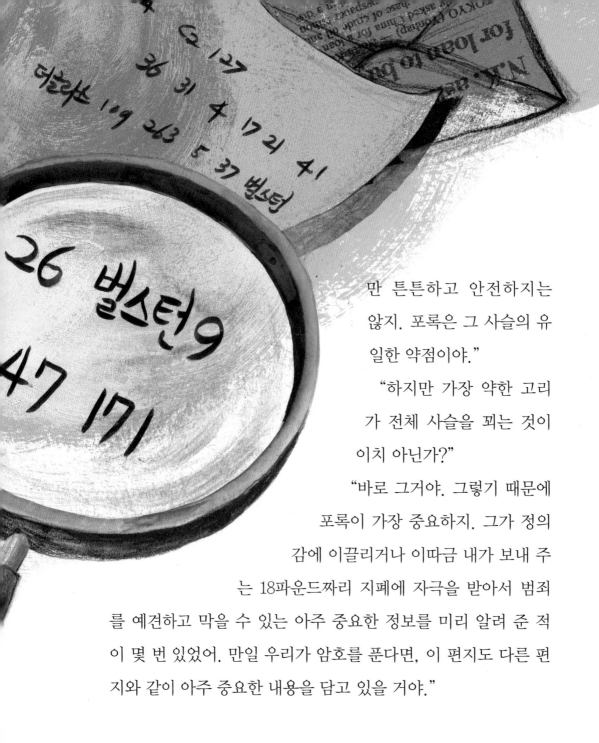

만 튼튼하고 안전하지는 않지. 포록은 그 사슬의 유일한 약점이야."

"하지만 가장 약한 고리가 전체 사슬을 꾀는 것이 이치 아닌가?"

"바로 그거야. 그렇기 때문에 포록이 가장 중요하지. 그가 정의감에 이끌리거나 이따금 내가 보내 주는 18파운드짜리 지폐에 자극을 받아서 범죄를 예견하고 막을 수 있는 아주 중요한 정보를 미리 알려 준 적이 몇 번 있었어. 만일 우리가 암호를 푼다면, 이 편지도 다른 편지와 같이 아주 중요한 내용을 담고 있을 거야."

534 C2 13 127 36 31 4 17 21 41
더글러스 109 293 5 37 벌스턴
26 벌스턴 9 47 171

"홈스, 이 암호에 대해 어떻게 생각하나?"

"비밀 정보를 알리기 위한 암호가 분명해. 신문의 개인 광고란을 읽을 때처럼, 쉽게 해독할 수 있는 암호들은 많지. 하지만 이 암호는 어떤 책의 쪽수를 알려 주고. 그 안에 있는 단어를 참고하라는 의미를 담고 있어. 그러나 무슨 책의 몇 쪽인지 알아 내기 전에는 뾰족한 수가 없지 않나?"

왓슨은 그제야 고개를 끄덕였어요.

셜록 홈스는 용의자의 행동과 편지의 암호에서
여러 방면으로 생각의 고리를 이어 갔어!

셜록 홈스

영국의 추리 소설가 코넌 도일이 만든 등장인물로 활약하는 명탐정이자 책 이름입니다. 1887년에 〈주홍색의 연구〉에 처음 등장한 이래 장편 소설 4편, 단편 소설 56편에 나오는 등 전세계적으로 알려졌습니다. 홈스는 독특한 성격과 탁월한 재능을 가지고 있어서 사건을 천재적으로 해결합니다. 그리고 그의 친구 왓슨과 절묘한 대조를 이루며 재미를 더합니다. 제시된 부분은 〈공포의 계곡〉의 일부로, 홈스와 왓슨이 암호를 분석해서 사건의 실마리를 찾는 내용입니다.

마인드맵 일기로 써 보자

"오늘은 정말 일기 쓸 거리가 하나도 없어!"

한 번쯤 이런 날이 있었을 거예요.

이럴 때 마인드맵 일기를 써 보세요.

마인드맵 일기는 말 그대로 생각(마음)지도란 뜻이에요. 지도를 보면 여러 가지 땅 이름과 기호들이 나와 있듯이, 마인드맵도 어떤 주제에 대해 떠오르는 생각을 기호나 그림 속에 넣어 보는 것이에요.

셜록 홈스가 편지에 적힌 암호로 범인을 잡는 것처럼 생각을 상하좌우로 넓히면 이야깃거리가 많아진답니다.

그날 있었던 일 중에서 인상 깊었던 일 하나를 정해서 그것과 직접적이거나 간접적으로 관련 있는 낱말들을 상하좌우로 가지를 만들어 넣어 보세요.

처음에 막연했던 생각이 자세하게 생각나고 느낌이 살아난답니다.

다음 어린이와 같이 하루 생활을 시간대별로 가지를 만들어서 마인드맵을 짜 보면 이야깃거리를 끄집어낼 수 있답니다.

월 일 요일	☀ ⛅ ☁ ☂ ⛄
일어난 시각 시 분	잠자는 시각 시 분

○월 ○일의 하루

일기 비법
tip

★ 하루 일과를 시간대별로 나누어 가지를 만듭니다.

★ 그때 한 일과 보고 들은 것을 적습니다.

★ 그 일을 했을 때 든 생각이나 느낌을 가지로 만듭니다.

★ 이 중에서 가장 생각 가지가 늘어난 것 하나를 골라서 씁니다.

★ 생각이나 느낌이 담긴 낱말이 포함되도록 씁니다.

본 것, 들은 것, 알게 된 것을 담아라!

- 기행 일기로 써 보자 -

필리어스 포그는 11시 30분에 집을 나왔어요.

왼발 오른발 걷기를 575번 하다가 576번째 발을 디딜 즈음 개혁 클럽에 도착했어요.

번화한 퀼멜 거리에 높이 솟은 이 커다란 건물은 300만 파운드를 들여 지었다고 소문이 났지요.

필리어스 포그는 먼저 식당으로 갔어요.

창문으로 내다보이는 정원은 알록달록한 가을 빛과 황금빛 단풍들로 가득했지요.

포그는 잘 차려져 있는 테이블에 자리를 잡았어요. 늘 앉던 자리였지요.

점심 식사는 입맛을 돋우는 요리가 먼저 나오고, 소스로 맛을 낸 생선찜과 버섯을 곁들인 스테이크, 나무 열매로 만든 파이,

치즈 한 조각이 나왔어요.

그리고 특별하게 향긋한 차도 준비되어 있었어요.

식사를 마치자 시곗바늘이 12시 47분을 가리켰어요.

포그는 커다란 객실로 자리를 옮겼어요.

그곳은 화려한 그림으로 가득한 호화로운 방이었지요.

포그를 보고 하인 한 명이 〈타임스〉지를 가져왔어요.

포그는 신문을 꼼꼼히 보면서 중요한 기사는 오렸어요.

포그는 그곳에서 3시 45분까지 신문을 읽었지요.

그리고 저녁 식사 때까지 〈스탠더드〉지를 하나 더 읽었어요.

저녁 식사는 점심과 비슷했고 소스 하나만 바뀌어 나왔지요.

포그는 6시 20분에 다시 객실로 와서 〈모닝 크로니클〉지를 꼼꼼히 읽었어요.

삼십 분 뒤에 개혁 클럽 회원들이 들어오기 시작했어요.

그들은 하나둘 벽난로 쪽에 자리를 잡았지요.

그들은 모두 포그처럼 휘스트 게임을 즐겼고, 함께 게임하기를 즐겼지요.

이 클럽은 공학자 앤드루 스튜

어트, 은행가 존 설리번과 새뮤얼 폴런틴, 양조 업자 토머스 플
래너건, 그리고 은행 간부 고티에 랠프 등 경제계에서 가장 잘나
가는 사람들이 모이는 모임이었어요.

플래너건이 먼저 화제를 이끌었어요.

"랠프 씨, 그 절도 사건은 어떻게 되어 가나요?"

"은행이 손해 보는 수밖에 방법이 없지 않겠습니까?"

앤드루 스튜어트가 대답을 가로챘어요.

고티에 랠프가 인상을 찌푸리며 말했어요.

"아니지요. 유능한 형사들을 미국과 유럽 각지에 보내놓았으니
도둑은 곧 잡힐 겁니다."

앤드루 스튜어트가 눈을 동그랗게 뜨고 되물었어요.

"도둑의 얼굴이 파악된 건가요?"

"우선, 도둑이 아니라는 거는 확인이 됐습니다."

고티에 랠프가 말하자 앤드루 스튜어트의 눈이 더 동그래졌어요.

"아니, 5만 5천 파운드를 훔쳐간 자가 도둑이 아니라는 말씀인가요?"

고티에 랠프가 고개를 끄덕이며 말했어요.

"네, 그렇습니다."

이 글은 시간의 변화에 따른 사건의 흐름을 보여 주고 있어!

80일 간의 세계 일주

〈80일 간의 세계 일주〉는 쥘 베른이 쓴 책으로, 80일 동안 세계 여행을 할 수 있는지 내기를 하고 벌이는 일들을 담은 이야기입니다. 어느 날 개혁 클럽에서 80일 만에 세계 일주가 가능한지를 두고 내기가 벌어지자, 필리어스 포그는 그 여행이 가능하다는 데에 2만 파운드를 겁니다. 그리고 포그는 하인을 데리고 세계 곳곳을 다니며 예기치 않은 일들을 겪습니다. 제시된 부분은 세계 여행의 계기가 되는 개혁 클럽 회원들과의 만남이 담긴 내용입니다.

기행 일기로 써 보자

"여행을 다녀왔는데, 일정이 생각나지 않아!"

여행을 다녀와서 일기를 쓸 때에 여행하면서 보고 들은 것, 겪은 일 등을 자세히 쓰면 좋지만, 시간이 지난 뒤에 그 일을 쓰려면 잘 떠오르지 않는 경우가 있어요.

기행 일기를 잘 쓰려면 여행을 갔을 때 시간과 장소가 바뀔 때마다 한 일을 메모하면 효과적이지요.

〈80일 간의 세계 일주〉에도 시간대별로 어떤 일이 있었는지 자세히 서술하고 있어요. 등장인물이 한 행동을 시간의 흐름에 따라 가다 보면 마치 드라마나 영화를 보는 듯한 느낌이 들어요.

기행 일기는 다음과 같은 순서와 내용으로 쓰면 이야기가 풍부해지고 내용을 실감나게 살릴 수 있어요.

1. 첫 부분 쓰기

+ 여행 동기나 목적, 여행에 대한 기대감이나 호기심 등 마음 상태를 씁니다.
+ 여행 경로나 여행지에 대해 미리 알아본 후 그 느낌을 씁니다.
+ 여행지에 가서 자세하게 알아보고 싶은 것을 쓰는 것도 좋습니다.

2. 가운데 부분 쓰기

+ 출발할 때의 날씨, 시간, 교통편과 특별한 일을 씁니다.
+ 여행지에 가면서 있었던 일도 좋은 쓸거리가 됩니다.
+ 여행지에 도착하여 느낀 점을 씁니다.
+ 유적이나 풍물에 얽힌 이야기와 새롭게 알게 된 사실들을 씁니다.

3. 끝 부분 쓰기

+ 여행을 마치고 나서 느낀 점을 씁니다.
+ 여행지에서 보고 느낀 감동과 여운을 씁니다.

최근에 여행한 곳을 정해서 시간과 장소의 변화에 따라 기행 일기를 써 보세요.

| 월 일 요일 | ☀ ⛅ ☁ ☔ ⛄ |

일어난 시각 　　시 　　분 | 잠자는 시각 　　시 　　분

제 목

오늘의 중요한 일 | 오늘의 착한 일

오늘의 반성 | 내일의 할 일

일기 비법 tip

★ 여행가기 전에 기대한 것과 알고 싶은 것이 무엇이었는지 씁니다.
★ 여행을 어떤 순서로 했는지 시간이나 장소의 변화에 따라 씁니다.
★ 여행지에서 보고 들은 것과 느낀 것이 무엇이었는지 씁니다.
★ 여행지에서 얻은 정보와 자료를 덧붙여서 씁니다.
★ '처음-가운데-끝'으로 나누어 써 봅니다.

바느질 도구들이 말을 한다?

– 상상 일기로 써 보자 –

옛날에 글을 공부하는 선비들은 붓과 먹과 종이와 벼루로 공부방 친구를 삼았고, 부인들은 바느질을 돕는 도구들에 각각 이름과 호를 정하여 친구로 삼 았어요.

규중 칠우(閨中七友)는 규중 여인의 일곱 벗을 말 해요. 가는 허리를 가진 바늘을 '세요 각시'라 하고, 길이를 재는 자를 '척 부인'이라 하고, 싹둑 자르는 가위를 '교두 각시'라 하고, 지지직 누르는 인두를 '인화 부인'이라 하고, 더운 열로 지지는 다리미를 '울 낭자'라 하고, 색색 예쁜 실을 '청홍 각시'라 하 며, 동그란 골무를 '감토 할미'라 하였지요.

아침에 부인 방 일곱 도구들이 친구가 되어 단장 을 마쳤어요.

일곱 친구들이 손을 잡고 끝까지 자기 임무를 다하기로 다짐했어요.

하루는 일곱 친구들이 각자 하는 일을 뽐냈어요.

척 부인이 긴 허리를 재며 말했어요.

"여러 친구들아, 잘 들어 봐! 나는 가늘게 짠 명주, 흰 모시, 가는 베와 청홍 비단, 자주 비단, 붉은 색 비단을 다 내여 펼쳐 놓고 남녀의 옷을 마름질하잖아. 길고 짧고 넓고 좁음이며 솜씨와 격식을 나 아니면 누가 뽐내겠니? 그러니 내가 으뜸이지?"

교두 각시가 두 다리로 재빨리 걸어 나와서 말했지요.

"척 부인아, 네가 아무리 재단질을 잘한들 자르지 않으면 모양이 제대로 잡히지 않잖니? 내가 있어야 네가 있으니 네 공만 자랑하지 마라."

세요 각시가 가는 허리를 구부리고 부리를 돌려 가며 말했어요.

"두 친구의 말은 옳지 않아. 진주 열 그릇도 꿰어야 보배

지. 마름질을 두루 잘한다지만 내가 아니면 옷을 어떻게 짓니? 잘고 굵게 누빈 누비, 짧은 솔기와 긴 옷을 지을 때 내 빠른 솜씨가 없으면 어떻게 할 수 있니? 척 부인이 재고 교두 각시가 잘라 대도 나 아니면 소용없으니까 자랑하지 마라!"

청홍 각시가 얼굴을 붉으락푸르락 하며 말했어요.

"세요야, 네 공이라고 자랑하지 마라. 네가 아무리 착한 체하지만 한 솔 한 솔 내가 이어 주지 않으면 어떻게 바느질이 되겠니?"

감토 할미가 웃으며 말했어요.

"각시님네, 웬만히들 하시오. 이 늙은이 머리와 끝으로 아씨 손가락 아프지 않게 바느질을 도와 드리지요. 큰 사람을 따르기보다 보잘것없는 데서 우두머리가 되는 것이 나은 법이지요. 청홍 각시는 세요의 뒤를 따라 다니니 정말 얼굴이 아깝구나! 나는 만날 세요의 귀에 찔리어도 얼굴이 두꺼워서 견뎌 내며 아무 말 하지 않지 않소?"

인화 낭자가 말하였어요.

"친구들아, 나도 잠깐 공을 말할게. 단정하게 누비고 단을 넣는 것을 내가 아니면 어떻게 풀로 붙인 듯이 고울 수 있을까? 아무리 바느질 솜씨가 보잘것없어도 내가 한 번 눌러 주면 광채가 나잖아?"

울 낭자가 크나큰 입을 벌리고 너털웃음을 웃었어요.

"인화야, 너와 나는 하는 일이 같지만 나는 모든 옷에 참여하고, 아무리 넓은 볼기라도 낱낱이 펴서 곱게 하고 특히 여름에 몹시 바쁘지. 게으른 여자들이 풀 먹여서 널어 두고 잠만 자면 어떻게 곱고 구김살 없이 옷을 입겠니? 그러니 내가 제일이지?"

이때 규중 부인이 말했어요.

"일곱 친구의 공으로 옷의 모양을 잡기는 하지만, 옷은 사람이 쓰는 거야. 그러니 어찌 너희들 공로라고 할 수 있겠니?"

하하하, 바느질 도구들이 자기자랑하느라고 다툰다는 상상을 한 것이 재미있어!

규중 칠우 쟁론기

지은이를 알 수 없는 조선 시대 수필입니다. 이 수필에는 바느질을 하던 부인이 잠든 사이에 바느질 도구 일곱 친구들이 자기자랑을 하는 익살스러운 모습을 통해 인간 세상을 되돌아보게 합니다. 조침문과 함께 조선 시대 여성의 생활을 담은 훌륭한 문학으로 손꼽힙니다.

상상 일기로 써 보자

"일기는 하루에 있었던 일을 꾸밈없이 써야 돼!"

일기는 대부분 본 일, 들은 일, 한 일 등 일어났던 일을 쓰는 것이지만, 상상 일기는 꿈이나 상상 속의 일을 적는 것이에요.

〈규중 칠우 쟁론기〉도 실제도 일어난 일은 아니지만, 바느질을 즐겨 하는 사람이라면 한 번쯤 상상해 봄 직한 일이에요. 매일 사용하는 바느질 도구들의 쓰임새도 살펴보는 계기가 되지요.

상상 일기 중에서 대표적인 것이 꿈 이야기를 쓰는 것인데, 꿈을 꾼 후 그 인상이 머리에서 떠나지 않는다면 한 번 써 보세요.

꿈 일기를 쓰려면 필기 도구를 베개 가까이 두고 새벽이나 아침이든 언제든지 쓰면 효과적이에요.

기록할 때에는 창피하거나 수치스러운 일 등도 빠짐없이 솔직하게 써야 해요. 꿈에서 받은 느낌이 무엇인지를 놓치지 않고 써야 하기 때문이지요.

그러기 위해서는 등장인물과 장소, 분위기 등을 자세히 쓰면서 그 느낌을 살려야 해요.

일기는 날마다 성장하기 위해 쓰는 것이니만큼 상상의 세계도 놓치지 않길 바랄게요.

최근에 꾼 꿈 중에서 기억에 남는 것을 하나 골라서 상상 일기를 써 보세요.

월 일 요일	
일어난 시각 시 분	잠자는 시각 시 분

제목

오늘의 중요한 일	오늘의 착한 일
오늘의 반성	내일의 할 일

일기 비법 tip

★ 제목을 정합니다.

★ 꿈에서 '언제, 어디에서, 누구와, 무엇을, 어떻게' 했는지 씁니다.

★ 그 일을 통해 어떤 생각과 느낌을 받았는지 씁니다.

★ 그 꿈이 나에게 어떤 느낌을 주었는지 자세하게 씁니다.

★ 일상으로 돌아온 후에 꿈 이야기를 어떻게 간직하고 행동했는지 씁니다.

★ '처음-가운데-끝'으로 나누어 써 봅니다.

2014년 9월 20일 초판 1쇄 발행

기획_ 지에밥 창작연구소
글_ 강영주
그림_ 김미현
디자인_ 장현순
펴낸이_ 강영주
펴낸곳_ 지에밥
주소_ 경기도 성남시 분당구 분당로 263번길 68 104-205
전화_ (031)602-0190
팩스_ (031)602-0190
등록_ 제2012-000051호(2011. 10. 20.)
E-mail_ slchan01@naver.com
글 ⓒ 강영주, 2014
이 책의 출판권은 지에밥에 있습니다.
ISBN_ 979-11-85646-05-3 64710
ISBN_ 978-89-968365-7-5 64710(세트)
※잘못된 책은 바꾸어 드립니다.